集出版社

流轉的時光

臺南府城文化風華

作者寫詩有情、寫散文有愛、寫小說有生活體驗，流轉的時光道盡
臺南過往的歷史風華，以及作者成長經歷，值得細細品味。

陳添壽——著

自 序

　　這 2018 年 4 月 11 日起我繼【拙耕園瑣記】之後的書寫【嘉南記憶】，但自 2019 年 8 月 3 日隨著母親的遠行，我幾次嘗試提筆的想繼續書寫，但腦中盡是一片空白，我告訴自己這是我該停止書寫【嘉南記憶】的時候了。

　　我大學時期接受國文老師的指導，鼓勵我閱讀文言散文集的《古文觀止》。這是一部由清人吳楚材、吳調侯叔侄所主編的著作。該書完成於康熙 14 年（1695），上起【卷一】的周文《左傳》，下迄【卷十二】明文的張傅〈五人墓碑記〉，共收錄 222 篇的經典作品。

　　《古文觀止》旨在「正蒙養而裨後學」的作為家塾訓蒙讀本，並以啟發後人精進修身與學養。我認為臺灣當前社會對於自己生長的家鄉，和對於歷史文化的認知，有需要加強深入的了解，從而做進一步的連結。

　　【嘉南記憶】的部分文字，經過我審修之後，交請方集出版社以《臺南府城文化記述》、《稻浪嘉南平原》與《紀事下茄苳堡》三書，委由 HyRead ebook 電子書發行之外，現在我又繼《臺南府城文化記述》的紙本書印行之後，將其他的部分文字審修為本書《流轉的時光：臺南府城文化風華》。

　　這書的第一部分【府城歷史叢談】，其中所選讀多本與臺灣政經發展歷史有關的著作，尤其聚焦與臺南府城有特別

關係密切的部分。讀者將不難理解我書寫《流轉的時光：臺南府城文化風華》的目的，不敢說亦有「正蒙養而裨後學」的宏旨，但殷盼臺南人不忘從政治經濟領域的廣泛閱讀，來深入了解與臺南府城有關的歷史文化。

歷史紋理是城市發展必要的元素，而非人定勝天的思維。從《東番記》陳第筆下大員的考察記述、《熱蘭遮城日誌》臺灣歷史重中之重、《荷蘭人在福爾摩沙》重商主義思潮、《臺灣外紀》的東寧政權與轉型移墾、《裨海紀遊》登陸鹿耳門與西部誌奇、《東游草》記事與楊廷理的府城築牆、《臺灣文化志》的蔡牽八度入鹿耳門、《臺灣總督府警察沿革誌》玉井事件、《臺灣日記與稟啟》與胡適維桑與梓、《窺園留草》與許南英父子府城行止，到拙作《臺灣政治經濟思想史論叢》導論篇等 11 篇的文字，其時間系列一一延續下來地方誌的敘述，也在凸顯與我故鄉府城歷史的發展相結合。

第二部分【府城文創風華】，其中所記述的城市，是我多年來藉由參加的研討會、會議，和旅遊的機會，從文化角度記下的參觀所得，我都會不忘隨時與自己成長於臺南老家的城市作比較，總覺得希望自己家鄉能更展現歷史文化的風貌與城市特色。

【府城文創風華】的這部分，選擇了我曾到訪過的上海、天津、湄洲、廈門、青島、寧波、哈爾濱、韓國慶州、日本箱根、福州、漳州、泉州等大城市的文化記述，並聚焦在與臺南府城做相關連結，進而相互對照比較，作為臺南府城展現文創的城市風華，特別是城市變遷、文明演進與現代性的彰顯臺南城市發展的歷史意義。

　　同時，藉由參訪這些城市活動，雖然有些是在小地方，但都有其不同的景色與生活經驗。我們透過參訪可以彰顯旅行本是一種生活學習的態度，而這些不同的體驗與感受如何梳理轉化為自身想法的展現，於是書寫旅遊紀錄成為是自己強調思路與情感結晶的境地，讓旅行與書寫揉合成為自己人生旅程重要的一部分。

　　蘇東坡說他「人生如逆旅，我亦是行人」，蘇東坡一生顛沛流離境遇與文學才華，無人能比，他說這話卻能服人啊！我的人生之旅，當然挫折不斷，才智平庸，但總有那種不容自己不寫出來，不能放下，不能繞過自己的壓迫感。我自勉努力的閱讀、學思與書寫，但求無愧自己的人生。

　　第三部分【拙耕園話滄桑】，我將其時間序列分為：拙耕園的緣起、陳氏先祖考證、曾祖父的續弦、南縣模範父親、母親 104 嵩歲、拙耕園的荒蕪等六小單元。

　　這樣有關故鄉與家族記述的文字安排，是延續【拙耕園瑣記】有關地方誌臺南府城文化記述的系列作品，都是我多年來旅外對家鄉懷念的文集。創立鹽分地帶文學的臺南鄉賢吳新榮有首描述〈故鄉〉的詩：

　　闊違八年/ 我重又成為故鄉的人/ 坑凹不平寬廣的道路上/ 搖晃的骯髒底

　　公共汽車/ 不載一個人駛去/ 一片片變得狹窄的田地上/ 欠缺奎寧的病患者/ 都以一樣的表情在對罵。

　　我經常翻讀他的作品，也常讓我勾起同對我自己老家在

臺南市後壁區的鄉愁來。

我要承認和強調的是，自己和我的家族都是一個極為平凡的家庭，書寫家族史只是平實的記述下來，作為勉勵自己努力達成名符其實的耕讀世家。

印度詩哲泰戈爾有詩：

> 讓我不致羞辱您吧，父親，您在您的孩子們身上顯出您的光榮。

或許這是我對先父母雙親最謙卑的心願和一份責任吧！

第四部分【閱讀學思書寫】，我將自己追求知識人生的劃分成四個階段。第一階段是我閱讀書寫的養成，第二階段是雜文專欄的撰寫，第三階段是論文專著的發表，第四階段是自述瑣記與主編，最後我在古稀年整理〈陳天授 70 論著目錄表〉，主要是記錄著自己喜愛閱讀、學思與書寫的人生，檢視到底還有哪些是可以努力的空間吧！

這樣劃分是呈現我樂在追求知識階段方式，在時間上的分配上並不能很妥當的採完全切割模式，因為這四階段在過程上又是可能存在著重疊性的記述。我勉強這樣的作法，純粹是為了凸顯我自己樂在追求知識的人生歷程，相較發生在每個人身上的順序和歷程也並不盡然相同。

宋代蔣捷寫《虞美人‧聽雨》的聽雨情境，凸顯少年、壯年與晚年的人生三階段境界。「少年聽雨歌樓上，紅燭昏羅帳。壯年聽雨客舟中，江闊雲低斷雁叫西風。而今聽雨僧

廬下，鬢已星星也。悲歡離合總無情，一任階前點滴到天明。」

　　不論我是如何劃分自己樂在追求知識的人生階段，總希望我環繞的主題都是聚焦在強調「我的書我的命」思維，正如我喜歡聽日本歌手美空雲雀的歌，和她感性所說出的：「我的歌我的命」一樣，我是如何的想達到自己樂在閱讀、學思與書寫的知識人生境界。

　　臺南府城有我許多的青春記憶，在書寫這些文化記述的時候，總不斷會浮起自己回想過去學生時代生活的日子，也曾想像我們每個人有可能某一天都會離開自己生長的家鄉，走向一個生疏或完全陌生的異地去實現自己的夢想與發展，一切都得靠自己勇敢地迎向更廣闊的未知世界，尤其是對一個來自封閉農村小孩的處境。

　　但是我們每個人得從認識自己家鄉起，雖是個小地方，卻是我們了解自己生命的根源，而只有選擇透過閱讀、學思與書寫的追求知識途徑或方法，才有機會可以跨界我們的生活視野和具備因應環境的能力，深入去認識到這個奧妙世界和去想像這個充滿希望的未來，好為自己營造一個安身立命的地方。

　　是為序。也謹以此書告慰先父母親的在上天之靈，並作為我七秩的紀念作品。

陳添壽　謹識

2021 年 04 月　臺北蟾蜍山麓安溪書齋

目　次

自　序

第一部分　府城歷史叢談

第二部分　府城文創風華

第三部分　拙耕園話滄桑

第四部分　閱讀學思書寫

第一部分　府城歷史叢談

《東番記》陳第筆下大員的考察記述

　　《東番記》為陳第（1541-1617）所寫，是 1603 年 1 月 21 日他以幕賓身分，跟隨福建巡撫指派都司「浯嶼將軍」沈有容所率船隊來大員(指東番，尚未稱臺灣全島)的追剿日本海盜。

　　陳第他在 2 月 10 日回去之後，根據他停留大員不到一個月的短暫時間內，將其所見所聞，記述了一篇近似報導文學的作品。臺灣出版《東番記》的版本，主要出自臺灣銀行經濟研究室列入【臺灣文獻叢刊五六】，沈有容輯錄的《閩海贈言》。

　　陳第《東番記》全文的字數雖少，但其所敘述內容除了包括當時村社在地人的分布、族群、衣著、外貌、曆法、農耕、畜產、植物、飲食、宴會、禁忌等民土風情之外，陳第本人所踏查之處更從魍港、加老灣起，經大員、堯港、打狗嶼、小淡水、雙溪口、加哩林，到沙巴里、大幫坑等在地人所居住的地方，這是 17 世紀初大航海時代，陳第《東番記》為當時踏查臺灣所留下寶貴的最早文獻。

　　《東番記》最先部分，針對當時大員地域的記述：東番的夷人不知道從哪時間開始就居住在澎湖島外海的島嶼了。當時居住的範圍是從在嘉義八掌溪口，被稱作好美這地方虎尾寮的魍港，與臺江外圍沙洲港口鹿耳門的加老灣起，經過

今臺南安平的大員、今高雄茄萣一帶的堯港(即蟯港)、今高雄打鼓山的打狗嶼、今高屏溪的小淡水(即下淡水溪)、今嘉義溪口的雙溪口、今臺南市佳里的加哩林、沙巴里(在魍港之南一帶？另一說在臺北淡水)、大幫坑(在魍港之南一帶？另一說在臺北八里)，住有人散居的地方達千餘里。

好美里今庄名為虎尾寮，古稱魍港或蚊港，「魍」與「蚊」無非是閩南語發音的相同，也都是「網」的閩南音，指的是漁民用網捕魚的工作情形，是早期西部海邊在地人捕魚的生活寫照。也是大員(府城)到魍港(北港)的南北路陸官道的兩大城市通路。

稽查周拱乾撰修《臺灣府志》所附的「臺灣府總圖」顯示，陳第《東番記》所列東番夷人的散居地，其活動區域主要在臺灣西部平原的今嘉義布袋港以南，到屏東東港之間的一大片地域，也就是當時西拉雅族為主的平埔族人所居住與活動的一帶。

《東番記》第二部分，陳第對於當時在地人村社組織與習性的記述：在地人由許多種各有不同的族群所組成，以各村社做為區分，有的村社人多者達千人，少者或五六百人，沒有酋長這類型的領導人，惟會透過以子女多者方式共同推舉頭人，社里的人也都會服從其指揮。

在地社民的個性好勇鬥狠，每日無所事事的時候，不分白天或夜裡總喜歡到處閒逛，縱使腳底皮都已經長出了厚繭，他們走在有荊刺的地方就猶如踏如平地一般，甚至於快跑起來的速度也不會落後於奔馳中的馬，而且在地的社民可以整天不休息的盡情跑數百里之遠。

　　每個村社之間如果發生嫌隙就會有相互叫罵的舉動，並且在約好時間的拚鬥之後，就可以放下彼此心中的仇恨，不但不記仇而且和好如初。有時候拚鬥勝利者會將其砍下來的頭顱，將肉剔除之後只保留存下的骨頭，懸掛在自家的門樑上方，頭顱懸掛累積多者就會被尊稱為「壯士」！

　　《東番記》第三部分，對於當時大員地區氣候與物產的記述：在地的氣候暖和，社民可以整年不用穿著衣服，婦女只以結草繩為衣裙，稍微遮蔽下體而已。在地人沒有揖讓的行拜跪禮，沒有使用曆法和文字，只簡單以計月圓為一個月，十個月為一年，往往會因時間久了就很容易忘記歲月，所以在地人普遍不清楚自己的真正年紀，特別是問了年長者，更是不記得。

　　買賣生意以結繩來識別，在地沒有使用灌溉水來種植稻子，他們只採用火燒荒草的方式來種稻，當山花開的時候就開始耕作，等到稻子熟了將稻穗取出，其米粒大小要比我們大明國的還要稍長一些，而且味道芳香，吃起來味帶甘甜。

　　在地人也採收苦草來揉參雜著米釀酒，有時候如果釀出了好的酒，能豪飲一大斗壺。遇到宴會時還會放個大酒桶，大家圍坐在一起，各自使用竹筒來盛酒，而且不需要再另外準備菜餚，當音樂聲響起的時候，大家就會開始跳舞歡唱，嘴巴亦會發出如烏烏聲的歌曲。男子剪頭髮都會特地留下數寸長的披垂下來，女生則不這麼做。男子還會穿耳洞，女子則在十五、六歲時會拔去嘴唇兩邊的牙齒作裝飾。

　　在地盛產竹子，寬的有如雙手手掌圈起來那麼粗，長高的有十丈左右。在地人砍伐竹子來建造房屋，屋頂則用茅草

蓋，約有寬一丈長三丈的數倍。村社設有公共房屋，有稍大的房間，稱作「公廨」，還沒有娶妻的少年就聚居在那裡，遇到需要討論事項時也就聚集到公廨來，這樣比較容易可以控制議事會議的進行。

《東番記》第四部分，對於當時大員嫁娶與喪葬忌諱的記述：在地娶妻習俗會找到適婚少女的對象之後，則請人贈送成雙的瑪瑙寶石，女方如果不願意接受就算了，如果接受了，晚上男子就會來到女方家，他在門前不會直接喊叫女子，而是以吹口琴方式傳達信息。口琴是用薄鐵片製成的，用牙齒含著吹奏，就會發出清脆的聲響。少女聽到了之後就會接受男子在家裡留宿，並趁在天未亮之前男子就要離去，而不會拜見女方的父母。

自此以後在有星光的夜晚，男子就會主動來過夜，這種方式會持續直到女方懷孕生產的時候，女子才會親自到夫家迎接夫婿，這時夫婿才第一次見到女方的父母。以後夫婿長住在妻子家，以俸養女方父母終身，而男方原本的父母親反未受到兒子的照應。所以，在此地生女比生男還要高興數倍，因為女生可以繼承家族，反而男生無法延續香火。妻子如果死掉了，丈夫可以再娶，如果是丈夫死了，妻子則不能再嫁，此地他們稱這為「鬼殘」，終身不能再嫁人。

在地人的喪葬習俗，如果家中有人死亡，就會擊鼓痛哭，並把屍體放在地上，在四周燃起烈火，等到屍體烤乾以後，在地習俗是不使用棺材而是直接將屍體暴露在屋裡。等房屋壞了要重建的時候，便會在地基下挖洞，採直立的姿勢埋葬屍體，而不加以築墳，之後才又再上面蓋屋，屋子如果

沒有要重建，那就不會埋葬屍體，而是會用竹子的樑柱和茅草做的屋頂，如此大約可以持續十餘年，最後終歸塵土而不用祭祀。

在地人在耕作時，採不言不殺生的方式，男子與婦女在山野工作的時候，彼此不作交談。在路上行走時，他們會以眼神示意，年少者背向長者，讓路給長者先過，雙方不寒暄，即使大明國人出言侮辱，他們也不容易動氣。

耕作情形要等到稻子成熟以後他們才回復原本的樣子，在地人認為如果不如此做，那麼上天將不會保佑，神祇也不會降福給他們，甚至會降下農作物連年歉收的凶禍。

在地女子擅長於農事的勤勞工作，而男子則好逸惡勞。在地嚴禁偷盜的行為，如果有人犯了竊盜行為就會遭到在村社前處以刑罰。所以在此地晚上可以不必關門，稻穀堆放在廣場也沒有人敢偷竊。

《東番記》第五部分，對於當時大員地區物產與畜產的記述：在地人的家具有床，不使用桌椅，都是席地而坐。在種植穀類的有：大小豆、胡麻，又有薏仁，吃了可以不受瘴癘的侵害；沒有種植麥子。在蔬菜的有：蔥、薑、番薯、芋頭，再也無其他菜類。水果類的有：椰子、柿子、佛手柑桔、甘蔗。在牲畜類的有：貓、狗、豬、雞，沒有馬、驢、牛、羊、鵝、鴨。在獸物類的有：虎、熊、豹、鹿。在鳥類的有：雉、鴉、鳩、雀。

在地的山上最適宜捕鹿，野鹿眾多的成群結隊而行。在地人擅於用飛鏢，飛鏢是用竹竿與鐵箭頭製成，長約五尺有餘，非常鋒利，居家外出都隨身攜帶，拿來射鹿則鹿死，射

虎則虎亡。此地平常他們禁止私自捕鹿。每當冬天的鹿群出沒時，在地人會召集上百人來接近鹿群，全力追趕的合力把鹿羣圍趕到集中的地方，接著以飛鏢射殺，捕獲的鹿隻可以堆積得像一座小山高，各個村社住民沒有不飽食鹿肉的，他們還將剩餘的肉割下來醃製成臘肉，鹿的舌頭、鹿鞭、鹿筋則一併做成臘肉，收集到的鹿皮、鹿角多得可以堆滿整間房舍。幼鹿的鳴叫聲音雖令人感到擾鬧，但幼鹿容易被馴養和與人親近。

在地人喜愛吃鹿肉，會將鹿隻的腸胃剖開，而將其尚未被消化為糞便的草稱做「百草膏」，他們百吃不厭，但大明國人見了往往就會想嘔吐。在地人吃豬肉而不吃雞肉，他們養的雞是任其長大，只拔其尾毛當作裝飾的旗幟，射擊野雉也只拔野雉的尾毛。在地人看到大明國人吃雞肉，他們也會感到想嘔吐。心想：這怎麼知道有何美味呢？又何必在口味上有同樣的感受標準啊！

《東番記》第六部分，對於當時大員地區商業活動的記述：在地人部分是居住於這塊海島的內陸，他們不會乘船泛舟，而且非常懼怕大海，捕魚的時候只好到溪水澗，在地人彼此之間很少有相互的往來。明朝的永樂初年，內監鄭和航海下西洋的時候，傳諭皇帝的德威給這些南方的蠻族，只有住在東番的這在地人反而逃離遠遠地不順從約束，於是鄭和給這每一家人銅鈴，要他們繫在頸上，其實那是把他們當狗看待，而傳到現在他們還以為那是寶物。

起初東番的這些在地人，他們都是聚集居住濱海的地方，到了嘉靖末年時，由於受到日本海盜的搶奪掠地威脅，

只好避居到山區裡。日本海盜擅長用長火槍攻擊，東番的在地人只依賴鏢槍為武器，實在很難與其格鬥。

居住在這裡的人遷徙內山以後，才開始與大明國來往，現在則來往日益頻繁。尤其漳州、泉州地區的惠民、充龍、烈嶼等港口的百姓，往往能翻譯東番在地人使用的語言，並且與他們進行商業交易的活動，以瑪瑙、磁器、布匹、食鹽、銅簪等物品來交換在地出產的鹿脯、皮角，有時候也會給他們一些舊衣物，東番的在地人顯得非常喜歡，並且把這些衣物小心地收藏起來，當有些時候看見大明國人時還會特別穿一下，不久後又脫了下來，交易來的布匹也珍藏起來。在地人不戴帽子，也不穿鞋子，他們居家出門時都是裸露著身體，自認為這樣的生活方式比較方便。

《東番記》最後部分，為作者對於他當時在大員踏查結論的記述：東番這地方真是充滿奇聞啊！從烈嶼等港口，乘著北風航海，花一天的時間就可以到達澎湖，再一天就可以抵達鹿耳門，距離很近啊！

在地人過著無日月時間的歲月，也不分職位上的高低，是一個裸露身體以結繩為記事的民族，這能不令人感到很奇怪嗎？而且他們居住在海島上卻不捕漁，眾人雜居在一起卻也不會有逆倫的行為發生，男性與女性地位恰與大明國人相反，這裡人的居家和葬身之處是同在一地方，他們整年的捕殺鹿隻，但鹿隻也不會全被捕抓殆盡。

把這裡的許多島嶼合起來，大概也只有大明國一個縣的大小，他們互相依賴生長，到今天(1603年)仍無日曆與書契，也都不會感到有所不便，他們大概覺得也沒有什麼差別吧！

侵擾大明國南邊的日本海盜與北邊南下的蒙古人都有文字，那些文字看起來像鳥類足跡和古代篆字，我想大概是最初時候出現睿智人士教授他們的吧？可惜這裡卻沒有，為什麼？

因為，東番這裡的在地人吃飽之後便嬉戲遊樂，自得和樂，又何會需要睿智人士呢？就像古代無懷氏、葛天氏時候的人啊！這裡的在地人自從與大明國來往之後，他們頗為友善和悅，可是有些奸詐的人會以劣質品來詐欺他們，漸漸地他們也開始有所警覺，這種淳樸日子恐怕很快就會消散去了。

萬曆 30 年(1602 年)的冬天，日本海盜又佔據了這島嶼，致使這裡的商人、漁夫都深受其害。於是鎮守浯嶼的沈有容將軍率兵前往剿討，我(指陳第自己)剛好有興趣看海的雅致，遂隨同沈將軍一起參加。我們剿滅日本海盜之後便在大員停泊，在地「大彌勒」頭目等率數十人前來進謁，並且獻上鹿肉和贈餽好酒，很高興我們能幫助他們除去侵掠者。

我親眼看到這些在地人和他們實際的生活情形，當我回來向溫陵陳志齋先生敘述這件事的時候，他告訴我這麼重要的事情不可以沒有記錄，所以我就擷取了大要記錄下來。

以上是 1602 年陳第敘述的《東番記》情形，迄今(2020年)的時間已經長達 418 年之久，對於陳第所記載下來的所見或所聞，或許與我們現在所想像和考證的結果，尚有許多不盡正確或相同之處，甚至於出現有些荒謬的觀點，但是從文獻保存的角度而論，我們不能不感謝陳第的《東番記》，的確是為我們大員地區的西拉雅族，甚至於為整個海洋臺灣的歷史記述，保存了下來寶貴文獻。(2020.12.10)

《熱蘭遮城日誌》臺灣歷史重中之重

　　江樹生教授花二十年譯注的《熱蘭遮城日誌》（*De Dagregisters van het Kasteel Zeelandia*）(共四冊)，由臺南市政府分別於 2000 年 8 月、2002 年 7 月、2003 年 12 月、2011 年 5 月全部出齊並對外發行。

　　在這翻譯成四大冊的套書中，主要記述 1624 至 1662 年荷蘭人曾經統治的福爾摩沙，當時的政經中心就是大員的熱蘭遮城。其中所留下大量書寫的日誌，是荷蘭人在福爾摩沙書寫的眾多文件當中份量最多，也最具連續性；更是最詳細記述 17 世紀以荷蘭文撰寫荷蘭聯合東印度公司，治理福爾摩沙始末的重要歷史性參考資料。

　　第一冊是摘錄 1629 年 10 月 1 日到 1641 年 1 月 25 日的日誌，主要是荷印公司如何通商大明國，如何展開掠奪大員，以及海上常發生戰爭，或遭遇搶奪的治安事件。

　　第二冊是摘錄 1641 年 4 月 11 日到 1648 年 1 月 9 日的日誌，這段期間荷蘭人打敗滬尾(淡水)、雞籠(基隆)一帶的西班牙人，降服眾多的原住民村社，以及召開「地方議會」的重要紀錄。

　　第三冊是摘錄 1648 年 2 月 25 日到 1655 年 11 月 9 日的日誌，除了詳細記錄大員地區遭受蝗蟲災害事件之外，另外提供發生於 1652 年郭懷一治安事件經過的詳實原始文獻。

第四冊是摘錄 1655 年 11 月 10 日到 1662 年 2 月 20 日的日誌，是紀錄荷印公司統治福爾摩沙最後的狀況，尤其記載鄭成功率領大軍來到鹿耳門，一直到鄭氏家族與荷印公司的交戰、勸降、佈署、情報、決戰、談判，與締和停戰的經過。

《熱蘭遮城日誌》記述荷蘭東印度公司統治福爾摩沙的經過，是紀錄臺灣發展歷史的重中之重。江樹生還輔之譯注了《梅氏日記》，這是描述 1661 年 4 月 30 日至 1662 年 2 月 9 日鄭成功收復臺灣時作者在福爾摩沙的日記。《梅氏日記》原是荷蘭東印度公司檔案中的一份文件，現珍藏在荷蘭國家檔案館。

作者梅氏曾被東印度公司派在福爾摩沙 19 年。當鄭成功在與荷蘭的談判過程中，梅氏曾參與翻譯工作，並協助鄭成功測量屯墾土地。由於梅氏逐日記載下當時發生的情事，填補了《閩海紀要》、《從征實錄》、《海上見聞錄》等史料所未詳敘鄭成功驅走荷蘭人的經過。

首創「臺灣島史」思維的曹永和院士在寫《臺灣早期歷史研究》、《臺灣早期歷史研究》(續集)，和《近世臺灣鹿皮貿易考》的重要著作時，就充分運用了大量《熱蘭遮城日誌》的記載文獻資料。特別是《近世臺灣鹿皮貿易考》描述大員港對於當時鹿皮輸出貿易中所扮演的重要角色。

1622 年(明天啟 2 年)7 月荷蘭雷約生(Cornelis Reijersen)率艦隊佔領澎湖(平湖)，在大陸沿海搶奪漁船，漁民被留置澎湖，或運往爪哇當奴工，並探險大員即今安平港指出，這港是日本人每年以戎克船(junk)二、三艘來貿易的地方，這個地方生產鹿皮很多，由日本人向當地原住民購買，再與此地

大明國人從內地帶來的綢緞做交易。

根據 1625 年 4 月 9 日荷蘭第一代臺灣巡撫(長官)宋克(Sonck)給巴達維亞總督的日誌中提到：在大員的大明國人，他們擔憂我們去福爾摩沙，阻礙他們的鹿皮肉和魚類的貿易。據說鹿皮年產量有 20 萬張，鹿脯和肉乾可供給相當的數量。因為每年約有 100 艘戎克船進大員灣，從事漁業，並購買鹿脯、鹿皮和鹿肉，並將其貨品運至內地。

荷蘭原則上每兩年獵殺一次梅花鹿，鹿脯輸往大明國，鹿皮輸往日本。最高達到 6、7 萬張，提供製作「陣羽織」之用，做成甲冑外的披肩，或是縫製成夾在武士穿著鎧甲與肌肉間的墊子。

另外，達飛聲(James W. Davidson, 1872-1933)《福爾摩沙島的過去與現在》，該書於 1903 年，在倫敦、紐約、橫濱、上海、香港與新加坡同步推出，總計 776 頁，包括了 168 張照片及 2 張精繪地圖。陳政三譯註本(全 2 冊)亦於 2014 年 9 月由國立臺灣歷史博物館出版。

完整的原書名為 *The Island of Formosa, Past and Present: History, People, Resources, and Commerical Prospects. Tea, Camphor, Sugar, Gold, Coal, Sulphur, Economical Plants, and other Productions,* 照字面翻譯，可為《福爾摩沙島的過去與現在：歷史、人民、資源、與商業發展——茶葉、樟腦、蔗糖、黃金、煤礦、硫磺、經濟植物，以及其他產品》，也記述了大員時期豐富的產業發展情形，很值得閱讀和作為研究 17-18 世紀時期臺灣，尤其是福爾摩沙歷史的文獻資料。(2020.12.19)

《荷蘭人在福爾摩沙》重商主義思潮

　　1600 年至 1750 年這個時期之所以被稱為重商主義時代，是因為重商主義不管是以金銀積累為形式，還是對建立貿易結構為重要中心，重商主義國家在激烈競爭中所獲利成功的主要原因，是標榜產業生產力和國家政策執行效率之間關係的重要性。

　　這時期的歐洲商人為擴大擁有政經的影響力，為了要能夠生存下來就必須比舊地主的後代子孫，在企業經營上更具智慧，而這種商業智慧延伸的理念，就是讓政府的政策與作為能配合他們的利益，凸顯了重商主義是基於國家財富的建立在金銀累積的數量，以及唯有透過貿易順差一途，才能為國家帶來金銀的商業利益。

　　重商主義思潮因此形塑越來越多的人民有機會擁有貨幣，也就有更強烈的商業動機為了金銀的貨幣而追求貨幣。黃色金塊是多麼的美妙色彩與誘人的用途，幾乎誰擁有了它，就是慾望的主宰，有了黃金，甚至可以讓人的靈魂進入天堂。

　　從此打破中古世紀以來宗教信仰的束縛，商人追求財富已不再意味著邪惡或飽受歧視的銅臭味思維，於是造就了重商主義思潮的瘋迷盛行，以適應當時政治與經濟環境的變化。

　　根據荷蘭聯合東印度公司統治臺灣時期的檔案文獻，最

權威的著作當屬江樹生譯注的《熱蘭遮城日誌》之外，另一部研究重商主義時期荷蘭治理臺灣的重要歷史文獻記載，就屬程紹剛譯注的《荷蘭人在福爾摩沙》(*De VOC en Formosa*,1624-1662)，它主要的內容則是從《東印度事務報告》中選出有關福爾摩沙的部分，將其譯成中文，並予以注釋。

《東印度事務報告》記錄了荷蘭人統治時期福爾摩沙的政經發展，特別是荷蘭聯合東印度公司統治福爾摩沙的後期。這期間正是爆發「郭懷一事件」中的武力抗爭，以及謠傳鄭成功即將東渡臺灣的同時，福爾摩沙亦正遭受蝗蟲災害、流行性疾病、劇烈地震，其所導致大員地區眾多村社建物淪為廢墟的影響政經社會發展的時期。

程紹剛在譯注《荷蘭人在福爾摩沙》的〈導論〉指出，《東印度事務報告》被送回荷蘭，主要是提供東印度公司董事會制定政策之用。這意味著合乎此一目的的資料，才會被選入《報告》中。

儘管《報告》有此一侷限，但就歷史研究而言，在當前17 世紀上半期福爾摩沙島的歷史研究，幾乎完全偏賴同時期荷文檔案的情況下，這批《報告》仍不失為一份具價值的史料。對於其他已經出版的史料，如 1970 年 6 月臺灣文獻委員會出版村上直次郎，郭輝譯的《巴達維亞城日記》，和《熱蘭遮城日誌》而言，在內容上仍是重要的補充作用。

根據這《報告》，我們也可以對照 1670 年荷蘭學者達帕（Olfert Dapper）寫的《第二、三次荷蘭東印度公司使節出訪大清帝國記聞》，其所敘述 1662 年與 1663 年荷蘭聯合

東印度公司連續派遣使節團出訪大清帝國，提出協助清軍攻打鄭成功，並承諾派出戰艦，協助大清國剿滅鄭軍為條件，以交換其能繼續保有在大員與其他東亞國家之間的貿易商業利益。

17世紀歐洲的商業活動由於已從私人生活層面，轉而重視結合國家整體利益的發展，國際性商業活動大半為貿易經營者所掌控，每家公司在取得國家經營特許證之後，等於就保障它在指定地區享有特殊的商業利益。諸如當時先後於1600年成立的英屬東印度公司，和1602年的荷蘭聯合東印度公司。

荷蘭聯合東印度公司在亞洲總部的商務活動，可溯自於1609年和1619年在印尼巴達維亞(Batavia, 今雅加達)設立總督和商館，其叩答(Kota)區即形成商業中心，並建構與各城市之間的貿易。

雅加達(Jayakarta)在當地原名Kelapa，意指「白椰子」，後來回教勢力興起，改名雅加達(Jayakarta)，意指「偉大勝利之城」。荷蘭在東羅馬帝國統治期間，當地人被稱為巴達維亞(Batavia)，以頑強著稱。當荷蘭統治印尼期間，就將雅加達改稱巴達維亞，1949年印尼獨立，正式稱雅加達。

作為荷蘭王室的特許公司，荷蘭聯合東印度公司被賦予在它武力能克服的地區，執行締結條約、遂行戰爭、建築城寨、鑄造貨幣等等廣義政治、財政、司法、行政的行使國家最高權力。

公司型態政府在海外代表是執行帝國的殖民地開拓者，它不僅向亞洲世界展現了新興資本主義，和殖民主義難

以阻擋的政經擴張銳勢；也向亞洲各國宣示了以航海技術，和地理知識為主導的西歐文明，正在建立世界的新秩序。

對照比較 16 世紀亞洲當時的大明帝國已呈現衰微跡象，整個東南沿海的商業與城市活動日益失序，大明皇權政府的治理能力受到很大的挑戰，其海岸的各城市遂也成為海商和海盜攻擊的目標。

當時荷蘭聯合東印度公司的選擇佔領福爾摩沙，主要基於臺灣的地理優勢，可以攻擊來往於東亞海域的葡萄牙和西班牙船隻，以阻止航行於大明國與菲律賓之間的商業貿易，要經由福爾摩沙作為其與大明國各大城市之間的貿易轉運站的重要性，並將此商務活動納入荷蘭聯合東印度公司在全球的貿易網絡之中。

荷蘭聯合東印度公司除了 1619 年成立印尼巴達維亞公司之外，於 1604 年與 1622 年曾先後派人率艦東來拓展商務與傳教，並於 1624 年由澎湖轉入臺灣的臺江，佔領赤崁（Sakams），在北線尾（Baxbambay）小島上設置荷蘭聯合東印度公司的商務辦事處。

1621 年鄭芝龍將臺灣樟腦帶到了日本，1624 的這年是荷蘭據福爾摩沙的開館時間，也正是鄭芝龍兒子鄭成功在平戶出生的那年；而 1683 年荷蘭人離福爾摩沙的當年，也正是鄭成功離開人世的那年。世間人事的捉弄開玩笑，也竟然會是這麼的微妙與巧合？

1630 年（明崇禎 3 年）荷蘭聯合東印度公司在大員（或稱一鯤身，是海中淤積的浮起土地，今安平）興建熱蘭遮城（Zeelandia，荷語中的浮土，今安平古堡原址）。臺灣的「熱

蘭遮城」取自於荷蘭七個聯合省之一的 Zeelandia，Zeelandia
的 Zee 即是英文的 Sea，有該省「海島」之意，land 之後的
ia，則是地名接尾詞。

　　大員初期建城以枯木板圍成柵欄，以砂石為主要建材，
1638 年以後的修建改以從打狗(今高雄)運來由貝殼燒成的石
灰，或打鼓山的石灰岩，以及魍港(清朝時稱為蚊港，今布袋)
的蠣灰為土木建材。

　　打鼓山的石灰岩日後成為水泥的原料，水泥結合砂石，
即成為混凝土，日治時代淺野水泥公司於 1915 年，即在此設
廠，戰後成為有「臺灣四大家族」之稱的辜氏家族所屬關係
企業臺灣水泥公司的重要生產廠地之一。

　　魍港向以盛產牡蠣出名，荷蘭人即以糖水、糯米、蠣灰、
砂混合成土，今安平古堡仍留存一面城牆，材料即此三合土。
同時，先後從大員派員南下到瑯嶠(今恆春)，乃至於卑南等
地探查金礦，並由康尼爾遜(Simon Cornelissen) 用日本紙繪
製熱蘭遮城堡地圖，於 1642 年完成繼 1625 年由諾得洛斯繪
製臺灣島圖的臺灣新地圖，為荷蘭繪圖和航海技術留下見證。

　　1643 年大員議會決議：公司捐獻 70 里爾(real)，救濟院
捐獻 50 里爾，以維持一所圖書館。從追求知識的角度而論，
在那個時代就能具有此種這麼前進知識傳播的思惟與保護書
籍的設施，不得不令人對於大航海時代的重視科學精神肅然
起敬。

　　1650 年聯合東印度公司採取與荷屬西印度公司(West
India Company) 領導人閔衛(Peter Minuit)於 1626 年以 60 荷
盾(相當於 24 美元等值)的日用品，向印地安人購得曼哈頓

(Manhattan, 今紐約城)南端 1 萬 1 千甲土地的交易同樣手法，取得臺灣原住民在大員地區附近的土地。

根據資料記載，大員普洛文蒂亞城（Providentia, 或稱赤崁樓、紅毛樓）的建城用地，是荷蘭聯合東印度公司以 15 匹綿花布(cangan)向新港社(今臺南市新市區)原住民的交換，來作為建築行政中心、官舍、病院、倉庫等用地，亦計畫提供做為大明國人及日本人的市場交易處所，更是荷蘭聯合東印度公司亟欲加速與世界各主要城市商業網絡的連結。

特別是在大批大明國人湧入的城市之後，更需要擴建，並開始展開土地調查，將土地編號登記，一則作為開徵稻作十一稅的依據，再則對於當時常爆發的土地糾紛案，提供調解的依據，亦凸顯了荷蘭土地測量技師的專業知識。

1636 年傳教士甘迪士(Georgius Candidius)和尤紐斯(Robert Junius)在新港社的牧師宿舍對原住民開館授課，可以算是臺灣的第一所學校房舍。荷蘭聯合東印度公司也應基督新教教會的請求，在歸順的原住民區建立了學校、牧師宿舍和派駐政務員來治理相關事務。

1644 年議會發出指令，開始起草最適合當地教會組織的規章，編纂《赤崁字彙》（*Sakams Dictionarium*）和《基督教要理問答》(*Formulary of Christianity*)，成為一部馬來語、葡萄牙語、德語、赤崁語的通用字典。不但有助於提升原住民的教化與住居生活，乃至於醫學知識，更因此逐步推動城市建設，同步的走向人類文明。

重商主義時期的大員成為殖民地的條件雖不若當期「新阿姆斯特丹」(今紐約)出現有「建城之父」的范德諾(Adriaen

Van der Donck)，但也因荷蘭聯合東印度公司的東來讓大員有了與世界接軌的機運，也因此有了發展商業與城市文化的契機。

范德諾是國際法鼻祖格勞秀斯(Hugo Grotius)的高徒，1647年他以政治、法律專家身分參與「新阿姆斯特丹」(New Amsterdam)的顧問群，協助治理這一新興城市，該顧問群後來轉型成為「新阿姆斯特丹」的第一個立法機構，1653年更成為美洲第一個議會。

范德諾的貢獻，源自他對當地本土化的認同感，除了現在美國密西根州有熱遮蘭城(Zeeland)之外，當時一般人對美洲還沒有「地名」概念時，他即塑造出新名詞：American，不同於傳統將歐洲地名冠上「New」為美洲各地名命名的方式。

英文「美國人」(American)的用法，首見於1578年，專指原住民印地安人，到了范德諾時代，在「認同當地」的意識下，擴大用法泛指當地的人民，也只有這個新名詞才足以涵蓋來自各地的不同民族。甚至於後來影響南半球紐西蘭(New Zeeland)這國家的國名。

荷蘭聯合東印度公司福爾摩沙時期以大員為中心，規劃與帶動北路會議區、南路會議區、淡水會議區，和東部卑南會議區等四個地方會議集會區的發展。尤其1641年首次地方會議的召開，以及1644年召開的南區、北區地方會議，正式宣告荷治臺灣時期中央與地方權力隸屬體制的進一步獲得確認與建立。

在重商主義經濟上，商業進出口商品項目與地區。在輸

出方面，主要是對日本輸出鹿皮，以及砂糖為主；對大明國主要輸出米、糖、香料、漁貨及荷蘭本國的金屬與藥材為主；在輸入方面主要是生絲、黃金、瓷器、布帛、茶等。

當年在大員的荷蘭商館藉由其位置是大明國與日本貿易的轉口站之便，取得大明國絲織品，以換取日本的白銀，還可以出口黃金；另外，輸入的日本白銀和大明國黃金則都被用來購買印度棉布，以換取東南亞所生產的胡椒、丁香與荳蔻等香料。

為此，荷蘭聯合東印度公司一共開闢了五條對外的貿易航線：從大明國至大員；從日本至大員；從印尼巴達維亞經大員至日本；從菲律賓馬尼拉經大員至日本；從大明國經大員至日本。這五條航線所帶來商業利益與城市建築文明的發展，凸顯荷蘭聯合東印度公司在統治臺灣時期重商主義的歷史性意義。

落籍在赤崁城南方二層行溪南岸的郭懷一，因不滿荷蘭人施政、徵稅和佔據土地，儘管當時地方上盛傳「荷人治城、大明國人治野」的情勢，也可能因為是荷蘭人壓迫大明國人改信基督教的關係，1652 年終於在大員地區爆發史上著名的「郭懷一事件」。

郭軍進攻普洛文蒂亞城的與荷軍堅持不下，荷軍乃透過攏絡新港、目加溜灣、蕭壟、麻豆等四社原住民來助陣，郭懷一不幸中彈身亡。荷蘭東印度公司面對大員地區大明國人的抗爭，再加上當時蝗蟲災害的自基隆起，向各處漫延，導致熱蘭遮城引來鄭成功驅荷下場，其有如希臘攻破特洛伊（Troja）城的歷史事件。

　　因此,我們檢視當今的臺南(安平)、基隆(雞籠)、淡水(滬尾)等主要港口城市,印證了早在 17 世紀中葉臺灣就已經進入了重商主義的大航海時代,荷蘭聯合東印度公司大員商業經濟與城市文化的發展之列。

　　或許大家都耳熟 1951 年為陳達儒與作曲家許石作品的一首臺語歌曲《安平追想曲》,我們也知道意大利作曲家普契尼(Giacomo Puccini)創作的歌劇《蝴蝶夫人》(*Madama Butterfly*),是以大航海時期日本長崎為背景的成名作品。我們是不是也可以推動以府城在大航海時代歷史故事為背景的歌劇,為大航海時代的府城文創再現該階段的藝術文化風華。

　　國立臺灣歷史博物館刻正進行直接抄錄荷蘭東印度公司臺灣長官寫給巴達維亞城長官的報告書信、會議決議錄、商業性質的貨單與帳簿,以及到各地探勘與戰鬥的報告書等等的史料與文獻的整理工程,未來都將提供新的第一手資料,更有助於對荷蘭聯合東印度公司治理臺灣時期歷史文化的再現,府城在國際上將更具學術研究的地位與特色。(2020.11.19)

《臺灣外紀》的東寧政權與轉型移墾

在 1405 年至 1433 年間，當大明國決定結束派遣鄭和的七次遠航下西洋之後，就已經註定大明國錯失了向海洋發展的機會，其決定轉過身的去背對新崛起的大航海世界，凸顯的是該帝國未能掌握時代變動的向海外擴張貿易的契機，和當時負責重大國政的官僚體系只熱衷於權力維護，和追憶過去的輝煌歷史。

1644 年李自成攻陷北京城，崇禎帝自縊於煤山，關外滿清軍隊藉驅逐李自成為由，也攻入北京城，並於逐出李自成之後，號令大明男子薙髮蓄辮。這年史上稱「甲申國變」之年，南明的抗清運動於始揭開序幕。

南明時期（1644-1662）鄭成功率其宗族和部屬的轉進臺灣，雖然並不單純為了墾殖，但由於採取了寓兵於農的轉型產業政策，而奠定了一個純粹以農業為主的漢人移民區。鄭成功既受封延平郡王與鄭經受封東寧王，凸顯了大明國皇權冊封體制的延伸。

鄭成功進攻臺灣本島之時，於船上遙見鹿耳門，江日昇在《臺灣外紀》中記述：成功命設香案，冠戴叩祝曰：「成功受先帝眷顧重恩，委以征伐。奈寸土未得，孤島危居！而今移師東征，假此塊地，暫借安身，俾得重整甲兵，恢復中興。若果天命有在，而成功妄想，即時發起狂風怒濤，全軍

覆沒。苟將來尚有一線之脈，望皇天垂憐、列祖默祐，助我潮水，可直入無礙，庶三軍從容登岸。」

鄭軍順利登陸的進入赤崁之後，再攻下熱蘭遮城，最後驅逐荷蘭人的成為「開臺之祖」。江日昇(字東旭，生卒不詳)的《臺灣外紀》(三十卷)是東寧政權來臺與治臺時期的重要佐證資料，歷史記載時間從鄭芝龍起於 1621 年(明天啟元年)，至 1683 年(明永曆 37 年、清康熙 22 年)鄭克塽出降的東寧王國興亡史，期間共 63 年。

鄭氏家族受封東寧王國政權史料的較少，主要還是受到大清帝國的大肆破壞與燒毀的後果，這更加凸顯了《臺灣外紀》的重要性。該書的撰寫方式雖然是採取類似回憶史性質，但內容係江日昇的父親江美鰲，他原為鄭成功家族鄭彩翊部下，由於江日昇自幼從父，對鄭氏家族甚為熟悉，透過父子口傳方式，江日昇的《臺灣外紀》填補了許多史料未能明確記載的空白，故成為學術上的重要佐證與參考資料。

東寧王國的向外擴張軍事行動，凸顯在 1662 年鄭成功逐退臺灣的荷蘭人之後，仍奉南明為正朔。鄭氏改臺灣為「東都」，改赤崁樓為「承天府」，赤崁城為「安平鎮」；另外，沿用荷治時期的南北路舊制在北路一帶置天興縣(今嘉義)，南路一帶置萬年縣(今鳳山)，澎湖別設安撫司。

東寧王國從鄭氏軍團移墾來到臺灣的人口結構中，除了部分因受到閩粵沿海地區紛亂局勢所造成的大量難民逃亡潮，甚至於陸續將家屬也帶往臺灣來之外，這其中亦有不乏傳教士、商賈或具有農業生產技術的農民參雜在內。

東寧王國在臺灣地理位置上，縱使相對於大明國大陸，

是屬於商業與貿易發展的邊陲。但邊疆臺灣的存在卻賦予了福建、廣東地區人民不斷重新來過，以及尋求新機會、新天地政經發展的歷史意義。

東寧王國統治臺灣初期為解決人口增加所帶來的糧食生產問題，在土地使用上除了承認先來漢人和已開化原住民對於土地既得權益，以安撫居民之外，乃調整荷蘭聯合東印度公司時期所採行的重商主義思維，改採行重視軍事屯田墾殖的農業開發政策。

對於「開發」（develop）的意涵，依據西方國家產業發展的經驗，商業提供了環境條件，工業化才能起步，從而導致科學、工技、企業、運輸、通訊、社會文化等等的興起與發展，這一切籠統的被稱為「開發」。如開發中國家（developing country），而與已開發國家（developed country）相對。

南明鄭氏的受封東寧王國政權在農本思想下的土地開發區域，開始只是一種點狀的分布，主要開墾範圍包括西南沿海平原一帶。當赤崁一帶在荷蘭聯合東印度公司時期已經次第的開墾完成，東寧王國的新開墾的田園就已經拓展到往北的嘉義平原，和向南往鳳山北部的西南沿海平原。

到了 1683 年臺灣墾殖登記的耕地面積已達 17,898 公頃，亦即印證經由臺灣內部開發的結果，臺灣以大明國來的漢人為主體的商業與城市社會已經形成。

臺灣的對外商業發展方面，由於受到東寧王國逐漸轉型重農政策的影響，更因為大清國在東南沿海實施遷界和海禁的雙重壓力，使得當期臺灣的貿易受挫，東寧政府不得不以實施轉運策略以資因應，而將船隻轉往日本、琉球、呂宋、

暹羅，並嘗試透過與英商簽訂通商條約來解決多角貿易的困境。

英國東印度公司亦於 1675 至 1680 年間在臺灣開設商館，並將船隻進駐東寧。東寧政府冀望經由與英商的商業與武器交易，並同意其來自大陸及各國的貨物可以經由臺灣轉運，意圖打開臺灣對外的貿易通路。

東寧王國與英國商館之間來往的貿易時間並不長，儘管這階段臺灣與英商之間的商業貿易雖然成果極為有限，但除了證實重商主義在東寧王國治臺時期的受挫之外，卻可以說明這時期英國正逐步取代荷蘭在世界商業與城市發展中的地位，成為新的霸權國家。

1683 年(康熙 22 年)臺灣被大清帝國收納為版圖，臺灣商業與城市發展由於受到清治初期消極治理政策的影響，在東寧王國時期已受挫的重商主義政策，更明顯受到抑制而被迫轉型。或許這也是大清國侵略弱勢鄭氏東寧王國的另外一種政經強權的展示吧！

1885 年臺灣建省以前的商業資本形成主要仍然是以依賴地主資本為主的農業生產結構，這一資本結構的調整一直要到清治臺灣 160 年後的 1843 年，當政府將「納穀制」改為「納銀制」政策時，才出現了重商主義在臺灣的復萌契機。

臺灣商業資本的流通與商品經濟的擴大，導致了土地所有權制度轉向以小租戶為中心的私有資本型態，促使臺灣商業結構轉型以中小企業為主的發展；同時，導致臺灣商業城市逐漸從西部再從南部而北部發展。

大清國治臺時期的農業發展，主要透過從大陸移植各類

型器具和作物，諸如稻作所需的耕犁、牛隻、種子，製糖所需的蔗苗、熬糖技術、熬製樟腦、種桑養蠶，乃至於香蕉、鳳梨、柑桔、荔枝、龍眼、枇杷等。尤其是稻米，溯自 1719年施世榜開始在二水興建水圳的影響，臺灣到了 19 世紀儼然已成為福建的穀倉。

1727 年清政府開放福建、廣東與南洋貿易，帶動兩岸商業活動的熱絡，以及 1760 年乾隆廢止渡臺禁令，臺灣商業發展更建立了「郊」或「行郊」的組織。尤其 1860 年代臺灣被強制開港後，代之買辦和商館的興起，增加了許多外國商場的競爭和公司的進駐，特別是英國領事館於 1861 年由臺南遷移淡水，凸顯臺灣政經已逐漸由南轉移到北部的發展。

檢視開港之前，不管是從臺南地區或鹽水北上至斗六地區，大部分砂糖業者出口都以透過郊商的方式輸往大清國居多；開港之後，原以大清國貿易為主的北郊商人，因其對日出口的糖業被剝奪而逐漸沒落。

由於砂糖交易不存在如茶葉業者須藉由大清國商人交易或介入金融，而都是採取由本地商人自己經手承辦的方式，因而本地經營糖業的自主性遠超過茶業者。砂糖業者財務多以依賴政府特許的「洋行」居多。

「洋行」自兼外國銀行的代理店來進行，但也有本地人自營糖行的情況。洋行設置的角色與功能，例如英國寶順洋行締造將臺灣茶葉成功直銷美國，和建於淡水的「原英商嘉士洋倉庫」的紀錄。

臺灣當時境內南北之間的商務活動因受制於交通成本，反不如臺灣與大清國的東西之間往返的密切。19 世紀下

半葉臺灣郊商就非常積極參與國際貿易，不但並不完全依附於英國資本之下，反而倚重大清國的山西票號與錢莊資本，凸顯臺灣郊商發展以歐美為中心的世界資本市場，及本土原有的資本市場的雙重依附關係。

商業貿易發展的結果，不但提高了商人社會地位，而且經濟活動和發展迅速的沿海商業城市，臺灣清治時期商業發展的相對於近代產業結構改變，應始於 1874 年(同治 13 年)政府的積極推行自強維新政策。1875 年(光緒元年)臺灣全面開放，大清國人終於可以自由移墾臺灣。

臺灣近代重商主義商業發展與城市文化的形塑，從重商主義市場經濟的追求利益極大化目標，其結果創造了商業發展與城市文化，大大改變和提升了人類的生活環境。

這從荷蘭聯合東印度公司和東寧政權統治臺灣一甲子的大員附近地區的開發，也一直延續的清治臺灣的中晚期，因為土地的開墾、城市行政區劃分，和交通建設的結果，臺灣城市由南朝北發展，臺北城市逐漸取代臺南在臺灣整體發展中，成為新興的政治經濟中心。

17 世紀大航海時代以來荷蘭人在臺灣的經營，使臺灣由草昧時期邁入接受文明的時期，雖然臺灣在荷治時期未能像日本因與荷蘭通商往來，孕育了「蘭學」的誕生。日本「蘭學」以醫學為主，實際上也奠定了相關學問的基礎研究，為日後的「文明開化」鋪路。

近代臺灣比較重要通商主義的轉折，也就是凸顯臺灣重商主義發展在荷西時期的第一次開港，和 1860 年代清治末期的第二次開港，都直接衝擊臺灣商業發展與城市文化的再

造，導致日本在明治維新之後的覬覦臺灣，並於 1895 年併吞臺灣、澎湖。

總結東寧政權的「中央政府」就是建置在臺灣，這是與荷治臺灣重商主義政策的最大不同。東寧政府在顯現權力運作機制的支配距離最近，以及指揮層級也最直接，更有效率地促使當時漢人社經制度的發展走向土著化，乃至於漢化意識型態的定位。

東寧王國取代荷蘭統治臺灣的政權之後旋即瓦解，不僅導致重商主義中挫，也讓追隨鄭家到臺灣尋求出路的臺灣先民遭受嚴重的打擊。東寧政權的結束，和清政府初期的消極治臺政策，相對地導致臺灣產業與城市發展的停滯，以致臺灣錯失了在工業革命之後和西方同步發展的機會。

然而，也因為 1860 年代臺灣的被迫開口通商，劉銘傳也在臺灣建省之後，積極建設臺灣，臺灣重商主義也才有了復萌跡象，但那也只是短暫的十多年光景，臺灣再度喪失了經濟發展的機會，是一次不成功的產業轉型。

1895 年臺灣的統治政權被迫改由日本統治，臺灣經濟發展與城市文化的演進又必須面對新政商體制的挑戰。當然，一個政經社會的變遷，尤其是商業發展與城市文化的演進，如果單從經濟上找其所受到環境因素的影響是會有所不足的，這是本文對東寧政府的產業轉型與臺南府城歷史文化記述的侷限。

江日昇《臺灣外紀》凸顯的內容，重要是以東寧政權的鄭家歷史為主軸的記述。這凸顯鄭成功以南明中國大陸之姿來治理臺灣，要把「臺灣中國大陸化」的意涵，是將臺灣視

為當時未淪陷，是唯一仍奉大明帝國為正朔的一塊領土。

我們回溯府城從原住民時期的經濟作物開始，歷經荷蘭聯合東印度公司、鄭氏東寧王國、大清國，乃至日本統治臺灣時期的稻米與甘蔗產業發展，始終是帶動臺灣經濟與生活的動力，期間也顯示府城地方產業在「米糖相剋」矛盾政策下的歷史性意義與特色。(2020.11.05）

《裨海紀遊》登陸鹿耳門與西部誌奇

郁永河《裨海紀遊》(三卷)，分(卷上)、(卷中)、(卷下)。《裨海紀遊》又名《採硫日記》。這書是繼 1603 年(明萬曆 30 年)陳第隨同福建都司沈有容，追剿倭寇至臺灣的寫了〈東番記〉之後，記述了府城附近風土民情的一部比較完整、詳細的臺灣西部紀行，也是前無古人的臺灣第一部西部大探險日記。《裨海紀遊》在臺灣主要版本，是 1979 年列入臺灣文獻叢刊第一輯，由臺灣銀行經濟研究室出版。

(卷上)的主要內容，郁永河寫他於 1697 年(康熙 36 年)農曆的元月 24 日自福州(福建省府所在，有榕城之稱)出發，經過廈門、金門、黑水溝、澎湖，在 2 月 24 日登陸鹿耳門，抵達臺南府城。

(卷上)指出：「二十四日，晨起，視海水自深碧轉為淡黑，回望澎湖諸島猶隱隱可見，頃之，漸沒入煙雲之外，前望臺灣諸山已在隱現間；更進，水變為淡藍，轉而為白，而臺郡山巒畢陳目前矣。迎岸皆淺沙，沙間多漁舍，時有小艇往來不絕。望鹿耳門，是兩岸沙角環合處；門廣里許，視之無甚奇險，門內轉大。有鎮道海防盤詰出入，舟人下椗候驗。久之，風大作，鼓浪如潮，蓋自渡洋以來所未見。念大洋中不知更作何狀，頗為同行未至諸舶危之。既驗，又迂迴二三十里，至安平城下，複橫渡至赤嵌城，日已晡矣。蓋鹿耳門

內浩瀚之勢，不異大海；其下實皆淺沙，若深水可行舟處，不過一線，而又左右彎曲，非素熟水道者，不敢輕入，所以稱險。不然，既入鹿耳，斜指東北，不過十里已達赤崁，何必迂迴乃爾？會風惡，仍留宿舟中。二十五日，買小舟登岸，近岸水益淺，小舟復不進，易牛車，從淺水中牽挽達岸，詣臺邑二尹蔣君所下榻。」

郁永河為了購買製造硫磺的工具，和預備工人的各種生活必需品，在府城整整停留了 2 個多月的整裝之後才又率隊出發，並選擇由陸路官道的途徑行走到其目的地──北投和淡水。《裨海紀遊》指出：「茲行設計工匠，番人〔平埔族、熟番〕數百人，又逼近野番〔生番〕，不有以靜鎮之，恐多事，貽地方憂；況既受人託，又何惜一往？」。

《裨海紀遊》 (卷中)的主要路線，郁永河寫到：「初八日，仍馭原車，返麻豆社，易車渡茅港尾溪、鐵線橋溪。至倒咯國社，日已近暮。……乃乘夜渡急水、八掌等溪。遲明，抵諸羅山，倦極坐憩；天既曙，複渡牛跳溪，過打貓社、山迭溪、他裏務社，至柴里社宿。」

又寫到：「初十日，渡虎尾溪、西螺溪，溪廣二三里，平沙可行，……又三十里，至東螺溪，與西螺溪廣正等，而水深湍急過之。……馳三十里，至大武郡社，宿。……十一日，行三十里，至半線社，……十二日，過啞束社〔今彰化〕，至大肚社〔今彰化大肚〕，……十三日，渡大溪，過沙轆社〔今臺中沙鹿〕，至牛罵社〔今臺中清水地區〕，……二十三日，……行二十里，……已渡過大甲社、雙寮社〔今臺中大甲區建興里〕，至宛里社〔今苗栗苑裡鎮〕宿。……二十四

日，過吞霄社〔今苗栗通霄鎮〕、新港仔社〔今苗栗後龍溪北岸〕，至後阪社。……二十五日……至中港社〔今後龍鎮新民里〕，……遂留王君竹塹社〔今新竹〕，餘複馳至南嵌社〔今桃園蘆竹〕宿。……二十七日，自南嵌越小嶺，在海岸間行，巨浪卷雪拍轅下，衣袂為濕。至八里坌社〔今新北市八里區〕，有江水為阻，〔再乘莽葛(音艋舺，舢舨船)〕即淡水也。」。

《裨海紀遊》(卷下)的主要內容，郁永河寫他從 27 日起所見煉硫、取硫的經過，一直寫到 10 月 1 日採硫工作完成；4 日上船離開淡水河，進入臺灣海峽；12 日到了南僑大橋，回到省城福州，歷經近 1 年的臺灣之行。

郁永河的這一趟臺灣之行，親身經歷記錄下了 17 世紀末期臺灣當時的開發面貌與生活景象，也包括臺灣的山川、氣候、風物、政事、民情、番俗；其中亦記述了越過黑水溝的奇航經過，和紀實了漢族與原住民之間所引發的社會問題，是一部可供研究臺灣開發史的參考文獻。

雖然在該書內容中處處仍見郁永河大漢沙文主義的意識型態，例如從書名中的「裨海」之意，指的就是「小海」的明顯可以相較出作者對於彈丸之地臺灣的鄙視。相較於江日昇《臺灣外紀》以漢族「知識份子」視野的將原住民視為「吾民」；郁永河《裨海紀遊》顯然以漢族移民為「民」，而將臺灣原住民視為「土番」的難免持有歧視心態。

但是作者在描述臺灣米的顆顆如豆子般的大，還有詳細註記了臺灣生產甘蔗，盛產芒果、黃梨、香果、波羅蜜、荔枝、龍眼、楊梅、桃子、李子、蕃石榴、香蕉、西瓜等種類

繁多的水果。

郁永河的〈竹枝詞〉特別描述：「蔗田萬頃碧萋萋，一望蘢蔥路欲迷；綑載都來糖廍裡，只留蔗葉餇群犀。青蔥大葉似枇杷，臃腫枝頭著白花；看到花心黃欲滴，家家一樹倚籬笆。芭蕉幾樹植墻陰，蕉子纍纍冷沁心；不為臨池堪代紙，因貪結子種成林。」臺灣農產要比大陸來得富庶，有助於吸引漳泉地區民眾的先後移墾臺灣。

郁永河《裨海紀遊》以漢族移民為「民」心態，也存在清治臺灣時期官員的普遍現象，如編撰《臺灣府志》的高拱乾亦有言「敬宣帝澤安群島，愧乏邊才控百蠻」的字句，「邊才」與「控」指的是中原沙文控制邊疆臺灣「百蠻」原住民的意識型態。

另外，我們如果從《裨海紀遊》與《熱蘭遮城日誌》的成書內容與目的做比較，《裨海紀遊》的內容與目的主要偏重於對臺灣「誌奇冒險」的記述，包括對黑水溝驚險奇航記述；而《熱蘭遮城日誌》則是著重於對荷蘭東印度公司「商業貿易」的紀錄。(2020.10.14)

《東游草》記事與楊廷理的府城築牆

　　楊廷理於 1747 年(乾隆 12 年）出生在廣西南寧，1778
年(乾隆 43 年)出任福建歸化縣縣令。1786 年(乾隆 51 年)8 月
的 40 歲那年，被奏升為臺灣府南路理番同知的五品官，是其
一生曾有過四渡臺灣參與府城，和五度入噶瑪蘭治理的開始。

　　楊廷理《東游草》的書寫完成，是 1813 年(嘉慶 18 年）
初，當時他已 67 歲，因病不得不請假，暫不赴任建寧府知府。
楊廷理在府城待命、養病期間完成《東游草》的付刊。可惜，
他就在這年 10 月不幸卒於臺南府城。

　　回溯 1786 年 10 月也就是在楊廷理來臺就職之後的二個
月，臺灣就爆發了史上有名的「林爽文事件」。林爽文軍隊
很快就攻下彰化、諸羅等地，並企圖攻進當時楊廷理所在的
臺南府城。

　　我們翻看 1752 年王必昌《重修臺灣縣志》的〈臺灣縣
城池圖〉案，府城之外城牆是周鍾瑄擔任知縣時創建的木柵，
是用刺竹所圍起來的。孫元衡《赤崁集》記述「刺桐花，色
紅如火，環繞營署，春仲始花，一望無際，實為臺郡大觀，
故稱莿桐城。」

　　楊廷理當時以海防同知兼理府事，緊急率人維修欄柵，
加強工事。待林爽文軍退到大目降(今新化)，並與鳳山起事
的莊大田，南北夾攻府城。幾經纏鬥，互有勝負，府城最後

得以安全守住。

　　1787 年(乾隆 52 年)臺灣知府楊廷樺病死,楊廷理代理府事,並參與福康安在北部三貂角附近的圍堵林爽文軍,直到亂事平,楊廷理也因此立下戰功。1788 年(乾隆 53 年) 楊廷理升任福建分巡臺灣兵備道兼提督學正,並在這一年升任臺灣府護理。

　　楊廷理在這職務任內,勇於建樹,積極修築臺灣府城的城牆,將木柵城牆重修改造成為土石城牆,城高一丈八尺,大大小小八個城門,工程整整做了 2 年半的時間才告完成,同時創下臺灣土石城牆的首例。

　　1792 年(乾隆 57 年）臺灣又爆發天地會抗清的陳周全事件,楊廷理協助解救西螺、斗六,和收復彰化、鹿港兩地,陳周全事件平定。但該事件落幕後的引發彰化縣府財產損失,導致楊廷理被指涉與其他相關人員的貪汙案件,而被發配伊犁充軍的厄運,直到 1803 年(嘉慶 8 年)的期滿。

　　楊廷理在這艱困環境的 7 年當中,他仍利用天山的峻嶺,和大漠飛沙走石的特殊地理景象寫詩,他並沒有懷憂喪志,總以蘇武北海牧羊來比喻自己遭遇的處境,認為他是因為遭人誣陷,才會被流放邊疆,統計他在這段日子裡一共寫下上千首的所謂「郊行詩」。

　　1805 年(嘉慶 10 年) 楊廷理在臺灣仕紳資助及親友借資下,成功「捐復」知府。次(1806)年他終於有了再次踏上臺灣這塊土地的機會,12 月他由鹿港上岸之後,抵達府城就任知府一職,受到居民的熱烈歡迎,此為他的第二次參與治理府城工作,這年他正好 60 歲。

1807 年(嘉慶 12 年)3 月中港(竹南)地區傳來漳泉械鬥事件，楊廷理奉命前往處理；7 月與王得祿水陸合力在噶瑪蘭蘇澳港焚燒海盜朱濆船隻，官軍獲得勝利。但就在 10 月當他返抵府城的時候，楊廷理又因遭部屬誣陷向鹽房庫吏強索銀兩和召妓陪酒，必須停職，回福建接受調查。

1809 年(嘉慶 14 年)8 月，楊廷理以候補知府身份渡臺處理淡水地區的械鬥，此為他的第三次來臺。他很快的平息了該事件，同時，順道沿著西海岸線，平息了由新竹到嘉義地區的械鬥事件，並在隔年(1810)的 1 月暫回福州等候新職。

3 月，楊廷理又以候補知府的身分獲得機會，追隨閩浙新任總督方維甸到臺灣來，這是他的第四次渡海來臺。他的主要工作是協助總督方維甸的處理開發噶瑪蘭事宜，除了辦好丈量土地，訂定稅租法則之外，楊廷理也開始在噶瑪蘭找尋可以築城並建立官署的地方。

1811 年(嘉慶 16 年)3 月，楊廷理離開噶瑪蘭，回到府城，在途中接到他被委任淡水撫民同知的人事命令。5 月他又被補授福建建寧府的知府遺缺，12 月因臺灣知府調任，他還被派暫代知府一職，但他非常高興自己在 65 歲年紀的時候，能夠很快就可以回到自己的家鄉。

1812 年(嘉慶 17 年)6 月楊廷理卸下暫代臺灣知府的職位，待令內渡後補建寧府知府。8 月噶瑪蘭廳正式設治，首任通判為翟淦。設治初期，噶瑪蘭居民突發漳粵糾紛，楊廷理被派以暫代通判於 8 月底再入噶瑪蘭協助翟淦平息紛爭，並稍停輔佐開蘭事宜。12 月得以卸除通判職務，回到府城住在「鴻指園」寓所。而為蘭陽地區建置傳承儒學文化的「仰

山書院」，也就是在這一年，也可說是楊廷理有意作為其晚年著述與教育之所。

1813 年(嘉慶 18 年）初，楊廷理因左臂風恙向上級請假調理三個月，暫不赴任建寧府知府。然而假單批回來，指示其身為噶瑪蘭創始章程執行人，在蘭地未穩之前不宜內渡赴任。

楊廷理心裡雖然很失望未能如願回到故里，但又不能不服從命令的在府城待命、養病。4 月他將編好的詩集《東游草》完稿付刊，《勞生節略》與《議開後山噶瑪蘭節略》也先後定稿。10 月楊廷理卒於臺南府城。

檢視 1775 年(清乾隆 40 年)，知府蔣元樞在舊柵內另築新柵，加高三尺，增加小西門。1789 年至 1791 年楊廷理將木柵城牆改建成土造主城，增築大西門。誠如楊廷理在〈改建臺灣府城碑記〉所說：「予忝為守茲土，安敢不仰體聖上南顧之心，更化其獷悍之氣，有屏垣之衛，無不虞之來乎。」改築土牆成為楊廷理為府城留下的重要治績。

楊廷理《東游草》敘述其〈治寇〉、〈撫番〉、〈倡儉〉、〈興仁〉的記事詩，還有他一生的二次罷官、三次娶妻、四次渡海來臺、五次進噶瑪蘭，再加上當時特殊官場行止的現形記，如果過透過小說家描述其一生的經歷波折，一定是一部精采萬分，引人入勝的傳記勵志故事，府城人當有高手擔當起展現這文化風華的大任。(2020.11.08)

《臺灣文化志》的蔡牽八度入鹿耳門

　　我在書寫《臺灣政治經濟思想史論叢(卷五)：臺灣治安史略》的時候，認為對於大清國治理臺灣時期的治安記述，能夠有比較完整系統的彙整參考文獻與資料，就不能忽略了日本學者伊能嘉矩編纂的《臺灣文化志(上、中、下三卷)》。

　　這套原書於 2011 年 3 月國史館臺灣文獻館已經有中譯本修訂版的最完整版本，並且委由臺灣書房出版與發行。誠如職司臺灣歷史文獻業務的國史館臺灣文獻館館長林金田指出，「凡走過，必留下足跡」，身為日本人的伊能氏以三十年的歲月從事臺灣歷史文化研究，並為後人留下珍貴的《臺灣文化志》一書，誠屬難能可貴。

　　我很樂意引用這套書的內容作介紹，《臺灣文化志》的其中〈第8篇〉「修志始末」，針對《臺灣府志》、《諸羅縣志》、《鳳山縣志》、《臺灣縣志》、《彰化縣志》、《噶瑪蘭廳志》、《澎湖廳志》，乃至於《臺灣通志》及州、廳、縣采訪冊等提供修志的敘述。

　　特別是該套書在〈第4篇〉「治『匪』政策」的對朱一貴、林爽文、蔡牽、張丙、戴潮春等清代重大治安事件，和族群分類械鬥等社會衝突議題上，也都有詳盡的完整記述。

　　《臺灣文化志》的記述略謂：嘉慶五年(1800 年)閩之洋

匪蔡牽入侵臺灣之鹿耳門，於是臺灣始有海上亂事。越九年四月第二度登岸鹿耳門，為澎湖水師副將王得祿擊退；十一月第三度至鹿耳門，為浙江水師提督李長庚追剿而赴淡水港；十年四月於自稱「鎮海威武王」後，第四度至鹿耳門；十一月攻安平逼府城，為第五度至鹿耳門；十一年二月第六度入泊鹿耳門，為李長庚擊走，鳳山之匪類亦敗於官軍；三月福州將軍賽沖阿領兵到臺灣城，南、北路既通，蔡牽轉欲取山後之哈仔難「番」地，七度至北部之烏石港，漢墾頭人陳奠邦、吳化等率眾禦卻之。五月蔡牽八度入鹿耳門，劫掠商船，為王得祿直追至外海，此為六月朔日，從此蔡牽不再侵犯臺灣。

對於蔡牽入鹿耳門的記載，《新竹縣志初稿》更有文詳細記述：嘉慶九年十二月海寇蔡牽亂，水師提督李長庚追剿至淡水圍攻，淹斃逆匪數十，遂南竄。十年四月，蔡牽再至淡水。五月蔡牽盜船復駛至竹塹、鹿耳門等處游奕。六月，蔡牽竄淡水滬尾港，水師提督李長庚抵臺灣。十一月，蔡牽復竄八里坌，焚殺艋舺官軍，都司陳廷梅戰死、同知胡應魁傷免；北路副將金殿安統兵堵捕，蔡牽由滬尾入踞鹿耳門，鳳山賊吳淮泗、彰化賊洪四老等應之。十二月，賊陷鳳山，郡城戒嚴。

十一年二月，蔡牽復泊鹿耳門，水師提督李長庚擊走之。南路賊陳棒等，敗走桃仔園，仍回生番界。吳淮四遁入逆船。三月，蔡牽攻噶瑪蘭，土民陳奠邦、吳化等率眾禦，卻之。三月，亦發生漳、泉械鬥。六月，澎湖協副將王得祿追擊蔡牽於鹿耳門，盜船衝浪出，多溺死。十二年七月，南

澳鎮總兵王得祿擊敗海賊朱濆於大雞籠港內；濆竄入噶瑪蘭之蘇澳。九月，得祿會臺灣知府楊廷理率兵大破之；濆遯。十四年五月漳、粵與泉分類械鬥，知府楊廷理平之。八月，水師提督王得祿、邱良功追擊蔡牽至外海，落海死；海寇平。

　　蔡牽的八度入鹿耳門，其次數之多導致府城居民流傳「全攻鹿耳門」和「盡攻六衙門」的意涵。「六衙門」或「六下門」有「鹿耳門」的臺語訛音，而有昔日因臺江水底的沙線阻礙，致使船隻至此常擱淺或破損，需要引水人(pilot)的作業，鹿耳門居民得以藉此為業。

　　「六衙門」或「六下門」有「鹿耳門」，或是另有一種說法，因為鹿耳門的瀕海，居民都賴以撈魚苗為業，遂有「鹿耳門」的「盡看六衙門」維生所流傳下來的諺語。

　　《臺灣文化志》〈第 15 篇〉「『番』政沿革」在對征「番」事略的議題上，和「番」社討伐經過的記述，亦有助於理解清代漢人與原住民之間的關係，以及在土地開墾過程中所引發的治安議題。

　　《臺灣文化志》是以田野調查的研究方法，對於臺灣原住民、漢人之間關係的發展有詳細的第一手資料分析，除了關於臺灣族群的發展之外，特別針對清治時期臺灣文化、歷史、典章制度方面的整理，資料非常豐富，記載也很詳實。這內容的敘述也可以讓我們從不同民族的角度，對照臺南鄉賢連橫先生寫的《臺灣通史》，了解其中的內容有何不同之處。

　　伊能嘉矩另外一本的《伊能嘉矩の臺灣踏查日記》，對

於 19 世紀末期以前的臺灣，和日本統治臺灣以後的 20 世紀初期，在這一段期間臺灣警察與原住民之間有關社會治安的問題，也提供了不少研究的參考資料。(2020.10.16)

《臺灣總督府警察沿革誌》玉井事件

　　對於日治時期的治安研究最具有代表性，資料蒐集最完備的主要是 1938 年 3 月由臺灣總督府警務局所編寫的《臺灣總督府警察沿革誌》(全五冊)，和 1945 年由總督府編纂的《臺灣統治概要》。

　　由臺灣總督府警務局所編寫的《臺灣總督府警察沿革誌》(全五冊)，詳細分別在第一冊的《臺灣總督府警察沿革誌(第一編)：警察機關的構成》中，敘述了日治時期臺灣警察機關的組成；

　　第二冊的《臺灣總督府警察沿革誌(第二編)：領臺以後的治安狀況(上卷)》中敘述了日治臺灣初期的治安；

　　第三冊的《臺灣總督府警察沿革誌(第二編)：領臺以後的治安狀況(中卷)：臺灣社會運動史》中敘述了日治臺灣中期的文化運動、政治運動、共產主義運動、無政府運動、民族革命運動、農民運動、勞動運動、右翼運動等重大社會運動的治安事件；

　　第四冊的《臺灣總督府警察沿革誌(第二編)：領臺以後的治安狀況(下卷)：司法警察及犯罪即決的變遷史》中敘述了日治臺灣刑事裁判制度及司法行政組織的變遷、刑事法規的變遷、犯罪即決的制度、司法警察的組織規程和犯罪搜查

的相關規定，以及罰金和刑求處分的存廢問題；

第五冊的《臺灣總督府警察沿革誌(第三編)：警務事蹟篇》中敘述了日治臺灣警察人員的任免、賞罰、勤務、休假、講習、教養，以及制服、武器攜帶等相關規定。

檢視日治時期 1915 年發生於地點臺南的「玉井事件」，或以慘案地點又稱「噍吧哖事件」，或以策謀地點又稱「西來庵事件」，或以首要人物又稱「余清芳事件」，乃至於稱「余清芳江定羅俊三人事件」。

這一事件的經過是列在第二冊《臺灣總督府警察沿革誌(第二編)：領臺以後的治安狀況(上卷)》第四章「本島治匪始末」階段的強調尚屬於「佩刀政治」的武力掃蕩，秋澤次郎甚至於著有《臺灣匪誌》一書。

而其有別於第三冊《臺灣總督府警察沿革誌(第二編)：領臺以後的治安狀況(中卷)：臺灣社會運動史》的屬於「大正民主」階段臺灣社會運動史中文化運動、政治運動、共產主義運動、無政府主義運動、民族革命運動、農民運動、勞働運動、右翼運動的治安部分。

「玉井事件」的首要人物余清芳，他 1879 年出生於阿緱廳(今高屏一帶)，後居臺南廳後壁庄，曾入公學校，早期先後擔任臺南廳、鳳山縣巡查補。嗣因曾參加鹽水港祕密結社「二十八宿會」，發表反日言論，被送至臺東「加路蘭浮浪者收容所」管訓二年。

余清芳被釋放後返鄉結識臺南市西來庵的董事蘇有志、鄭利記，並以西來庵為活動中心，糾集信眾。先後亦結交「南庄事件」住嘉義廳竹頭崎庄(今臺南市南化區)的江定，

「臺中事件」住嘉義廳他里霧庄(今雲林縣斗南鎮)的羅俊，「蕃薯藔事件」住蕃薯藔廳(今旗山)附近的李王，和「員林事件」住南投廳沙連堡附近的李火見(游榮)等重要人物。

江定家族在地方頗孚眾望，他曾任區長，因殺人為逃避查緝而藏匿山區。羅俊曾因抗日流亡而內渡大陸。余清芳、江定，和羅俊三人志同道合，利用修繕西來庵及祭事的各類活動，集金為軍資，廣募同志。

1915 年 6 月先是羅俊在竹頭崎庄的尖山被捕；8 月余、江率眾與日警在虎頭山激戰，圍攻噍吧哖(今臺南市玉井區)街道，余、江不敵，遂散亂逃入堀仔山，余清芳在避至王萊莊（今臺南市楠西區）時被捕，9 月余清芳死於臺南監獄，時年僅三十七歲。而江定及其部眾則一直要到 1916 年 5 月初的被騙下山之後才受縛。

「玉井事件」與同時受理發生「新莊事件」的楊臨等人，被告人數高達 1,957 名之多，起訴 1,413 名，8 月總督府於臺南廳開設臨時法庭，9 月公布審理結果，被判死刑者計 866 名，有期懲役者 453 名，引起社會一片譁然，日本國會也議論紛紛。11 月適逢大正天皇即位大典，遂配合敕令第 205 號公布減刑，除已被執行死刑者 95 名外，餘均減刑一等改為無期懲役。

對於「玉井事件」的發生，實在不能完全如日本總督府所指出受到西來庵神明說的扭曲，我們不能忽略當時因為日本殖民化推動蔗糖政策，與搶奪或徵收甘蔗生產土地，以及在各地設立日本公司糖廠，如玉井糖廠、善化糖廠等，導致民怨四起所造成農民起事的經濟原因。

程大學《臺灣先賢先烈傳(第二輯):余清芳傳》指出,余清芳轟轟烈烈的抗日事蹟,雖足可千古流芳,但以其連累無辜之眾,諒可以下列流行於臺南地方的歌詞,來窺伺當時人們的感受:「余清芳害死王爺公,王爺公沒保庇,害死大目降蘇阿志,蘇阿志沒仁義,害死鄭阿利。」

「蘇阿志」「鄭阿利」,自是指「蘇有志」與「鄭利記」。以及「火燒噍吧哖」一詞,一時在南部,竟成為「互相連累」的代名詞,可見案後日人所採行大屠殺、火燒庄、強迫婦女老幼眷屬入山誘降等,無辜庄民所受迫害與騷擾,是如何深且重!

「玉井事件」結束之後,不但造成許多西拉雅族人的遷移到東山、白河一帶,亦使得臺灣反日的本土化抗爭認識到,由於軍事實力的懸殊,反日武力的行動已不是最好策略,民眾反日的本土化開始改以爭取自治的行動,從此由軍事武力轉型為以政治社會為主的文化本土化抗爭,也成為臺灣人有紀錄以來的最後一次武裝抗日。不過相對於「玉井事件」在國際上所引發的重視與影響,仍不及 1930 年原住民反日所引發「霧社事件」的臺灣本土化抗爭。

檢視第二冊的《臺灣總督府警察沿革誌(第二編):領臺以後的治安狀況(上卷)》第四章「本島治匪始末」的敘述「玉井事件」之前,我們注意到在該部分還特別敘述了日警於臺南的十八重溪、店仔口,和我老家後壁區安溪寮鄰近的「治匪」,討伐阮振、周袋、陳向義等反日勢力的經過情形。

《臺灣總督府警察沿革誌》畢竟是日本總督府盡全力維護統治者立場所撰寫一套治安史的官書,如果從 1945 年日本

戰敗後迄今(2020)年的已經過了 75 年，雖然 2013 年警政署與中央警察大學也邀請多名作者合寫了一本《臺灣警政發展史》，但在內容和字數上都難與《臺灣總督府警察沿革誌》相比。

　　日本人對於檔案保存與文獻記載等歷史資料的重視，是值得我們學習的地方。我個人雖有《臺灣治安史略》列入《臺灣政治經濟思想史論叢》的出版，未來冀望政府和期許自己也有部具水準的一套《戰後臺灣警察沿革誌》，可以延續戰前日本總督府所編的這套書，讓國人可以更多元的認識和理解「玉井事件」發生的始末。(2020.11.15)

《臺灣日記與稟啟》的胡適維桑與梓

　　1952 年 12 月 26 日胡適應邀到臺南舊地訪問，因清季道署原址已遭後來的日人拆毀改建，僅餘一棟道署古老舊房舍，胡適在其前植榕樹一株留念，並在現場特別題字：「維桑與梓，必恭敬止」，字旁加註「六十年前曾隨先人寓居此地今日重遊，蒙　諸父老兄弟姊妹歡迎，敬記謝意。民國四一、十二、二六　胡適」。並為永福國小家長會題字時寫著「遊子歸來」。

　　根據《臺南文化》第二卷第四期(民國四十二年一月三十日臺南出版)衡五在〈維桑與梓，必恭敬止(胡適之先生臺南訪舊追記)〉記述：「……永福國校的校長扶著一位幽雅的小女朋友向他獻花，……接著胡先生從桌子上拿起那束花送給葉市長說：『葉市長，我花不好帶，我把它送給你太太，麻煩你帶上。』……走過操場，胡適被導引到一個方方樸陋的老樓房裏去。這是前清臺灣道署遺留至今未毀的一個僅存的房子，不管它是不是胡先生的舊居，總算是道署舊物，應該與他有關係。於是清理打掃，叫它飛上枝頭，掛起『胡適紀念館』的招牌來。」

　　胡適在這次訪問中的出席臺南市各界聯合午餐會上，當時任第一屆市長無黨籍的葉廷珪致詞，對胡適推崇備至，並謂胡氏為臺南市人。胡適亦起立致答，對各界盛情深致謝意，

並蒙葉市長准為臺南市人，表示愉快。

其實在這之前，當時的臺灣省文獻委員會主任委員黃純青就在 1952 年 11 月 29 日的《中央日報》副刊發表一篇名為〈臺灣與胡適〉，考據胡適博士的識字發祥地，並於 1953 年 1 月 6 日在該會的歡迎會上，席中稱胡先生為臺灣人，胡適自稱他是「半個臺灣人」，亦說臺灣是他的第二故鄉。

胡適被葉市長稱之為臺南人，和被黃主任委員稱之為臺灣人，其實發生在這更早之前的 1949 年 3 月，臺灣省參議會議長黃朝琴也曾表示過：胡博士不但他的父親在臺灣做過官，與本省有歷史的關係，在文化上當民國八、九年間的時候，本省留日同學曾追隨他的新文學運動，在日本東京創辦「臺灣青年」刊物，宣傳祖國文化。後又擴大為「臺灣民報」，皆用白話文寫稿，一直到光復前二年才停刊。所以本省同胞今天能夠看報紙，便是胡博士提倡白話文之賜。

葉市長與胡適的交好，更顯示在當時他已是加入國民黨籍的第五屆市長任內，並曾於 1966 年 6 月的一篇文字中自述，他自求學服務以來，閱歷師長，友朋，及長官眾多，除師長均甚敬愛外，餘皆泛泛，無何深切認識，其如道德文章，功勛事業，所以令他崇拜者，是總統蔣公，另外有故學者胡適之先生、中央委員陶希聖、谷正綱諸先生。友朋則有臺南高分院檢察處首席洪壽南先生，及市黨部主委李英樵先生。

胡適在《四十自述》寫到：「我生在光緒十七年十一月十七日(一八九一年十二月十七)，那時候我家寄住在上海大東門外。我生後兩個月，我父親被臺灣巡撫邵友濂奏調往臺灣；江蘇巡撫奏請免調，沒有效果。我父親於十八年二月底

到臺灣，我和母親搬到川沙住了一年。十九年(一八九三)二月二十六日我們一家也從上海到臺灣。我們在臺南住了十個月。十九年六月，我父親做臺東直隸州知州，兼統鎮海後軍各營。臺東是新設的州，一切草創，故我父不帶家眷去。到十九年十二月十四日，我們才到臺東。我們在臺東住了整一年。」

胡適那時候才剛要滿一歲四個月，住在臺南的將近十個月裡，住在臺南道署的官舍，胡適故居遺址也就是現今的臺南市中區永福國民學校。因為，胡適小時候曾經在臺南住過。所以，葉市長才有稱胡適為臺南人的一段佳話。

胡適父親胡傳(字鐵花、鈍夫)的好友張經甫曾為胡適兄弟謹述〈胡鐵花先生家傳〉，其中記述：「〔胡傳〕十八年二月到臺。三月，奉撫憲〔邵友濂〕委赴大嵙崁內山察看前敵軍情地勢。旋委充全臺營務處總巡。二十三日由海道赴臺南，登岸查閱防營，歷安平鳳山恆春，踰嶺入後山，抵臺東，直達花蓮港。五月復回臺南，赴嘉義，繞雲林，入埔里社，出臺灣縣以達彰化；又過大甲溪，經苗栗入大湖內山以出新竹。六月回臺北數日復出。歷滬尾基隆澎湖沿海各要隘。七月復周歷淡水新竹東境內山防番各要隘。八月復由北路踰嶺入後山，經宜蘭以達蘇澳。查竣全臺三十一營二十八哨，凡六閱月往來炎蒸瘴癘之中，從者皆死，先嚴亦由是有骨節疼痛之疾。先嚴素精武事，校閱所至，拔其精良，教其不及，諸宿將皆驚服。九月委赴臺南，提調鹽務總局，兼辦安嘉總館。……十九年五月，奉藩憲唐〔景崧〕牌委代理臺東直隸州知州。六月委兼統鎮海後軍各營屯。」

　　承上述，〈胡鐵花先生家傳〉再述：「先嚴體素強，而遇事奮往，不避艱險，幾死者數矣。中年體遂衰；自抵臺南，即患腳氣；海警起，勞瘁備至，足愈腫，左足尤不良。割臺議定，詔臣工內渡，先嚴以軍事交代統，攜州印交安平忠令，於閏五月初三自州起程。中途兩遇盜，社番聞之，突出數百人來救，得免。十二日腳腫漸退，而步履益艱。既抵安平，劉軍門(永福)苦留相助，先嚴辭以病，不許。六月十八日又患泄瀉，繼以下血，益不支，雙足俱不能動，劉公始放行。二十五日扶登舟。」

　　3 天之後，載送胡傳的船隻於「二十八日抵廈門，寓三仙館，手足俱不能動，益氣喘。七月初一發電上海，促介如四胞叔措資來廈。初二日接回電，心稍慰，飲薄粥一碗，沉沉睡去。至亥刻，氣益促不能言，延至初三日子時竟棄不孝等而長逝矣。嗚呼，哀哉！先嚴生於道光二十一年辛丑(西曆一八四一)二月十九日，卒於光緒二十一年乙未(一八九五)七月初三日，享年五十五歲。先嚴遺著，著有詩文集四卷，鈍夫年譜四卷，日記若干卷，稟啟存稿若干卷。均未印行。」

　　李敖在 1964 年 4 月出版的《胡適評傳》(文星版)，對於有關《臺灣日記與稟啟》的版本發行有過非常詳細的敘述。先談〈胡鐵花先生家傳〉，它並未出版單印本，而都只收錄於1951 年 5 月臺灣省文獻委員會為其出版胡適與羅爾綱合校編的《臺灣紀錄兩種》，分上下兩冊。

　　上冊內容包括：序言(黃純青撰)，胡鐵花先生家傳(代序，張經甫撰)，臺灣日記(卷一至卷八，胡鐵花親撰)；下冊內容包括：臺灣稟啟存稿(卷一至卷三，胡鐵花親撰)和編校

後記(毛一波撰)。

　　之後，這《臺灣紀錄兩種》一直到 1960 年 3 月經胡適的按照日期，合編為《臺灣日記與稟啟》(三卷)分上下二冊，交由臺北臺灣銀行經濟研院室出版，並列入【臺灣文獻叢刊】第七十一種。

　　毛子水在《臺灣日記與稟啟》弁言指出：「……這雖然是一位地方官的日常生活和公事的紀錄，但從這紀錄裏，非特可以看出清代末年政治和軍事一部分的情形，亦可以知道當時少數的知識份子對於時局的態度，以及一個實事求是的讀書人對於改進政治的措施。這倒是很值得讀的一部傳記類的書。」

　　誠哉！如毛子水弁言所說的，我們可以根據《臺灣日記與稟啟》的文獻與資料，去深入了解胡傳、胡適父子對於臺南府城發展的一段珍貴歷史經驗和生活記憶。特別是 1726 年(雍正 4 年)清廷將鹽業收歸官營，由臺灣府管理，但政府只負責收購，販戶運售給民眾的價格沒有統一制定，有些地方的鹽價十分昂貴，以致私鹽問題始終無法解決。胡傳到任鹽務總局的職務之後，對於當時所提出的治鹽策略的歷史意義很值得深入研究。

　　1962 年 2 月 24 日胡適在參與中央研究院第五屆院士歡迎酒會時，心臟病突發過世，政府將胡適於臺北的公配居所改建為胡適紀念館。另外，南港當地士紳李福人也捐出一片面積達兩公頃，位於研究院附近的個人私地闢建為胡適公園，作為胡適長眠於臺灣的墓地。

　　令人遺憾的是胡適次子胡思杜（1921-1957），當年拒絕

與胡適同行到臺灣來，而選擇留在中國大陸。胡思杜的名字，指的是胡適要經常想起他在美國念書時期提倡實驗主義的老師杜威（John Dewey, 1859-1952），而特別將自己的小孩命名為「思杜」。

1954 年胡思杜在中國大陸被迫與胡適斷絕父子關係，但仍遭到被鬥爭的命運，之後於 1957 年 9 月更因遭受反右運動的批判，胡思杜在父親胡適被批倒批臭的同時，自己也感到了對生活的絕望而自縊身亡。

胡傳、胡適、胡思杜的胡家三代，其共同臺灣經驗和臺南的記憶，這也凸顯臺海兩岸人民及其後代子孫的不同人生際遇。(2020.11.19)

《窺園留草》與許南英父子府城行止

　　胡適的父親胡傳被清廷派來臺灣協助唐景崧治理臺灣。胡傳先在臺南，後被派擔任臺東州知州。從唐景崧、胡傳、許南英也可以連結胡適與許地山的關係。胡適很小的時候曾隨母親等家人到臺南、臺東兩地住過一段時期。胡傳胡適父子與許南英許地山父子，他們這兩對的臺灣經驗和臺南行止極為相似。

　　許南英（1855-1917），字子蘊，號霽雲，別署「窺園主人」。祖先許超 1524 年(明嘉靖 3 年)從廣東遷居到赤崁（今臺南市赤崁樓附近）。許南英祖父許永喜是清朝秀才；父許廷璋是個讀書人，住在臺灣府西定坊武館街（在今臺南市中西區祀典武廟、大天后宮一帶）。

　　許南英 1855 年(咸豐 5 年)出生在西定坊武館街許家內。六歲舉家遷至南門里東安坊馬公廟（在延平郡王祠附近），其父闢住宅四圍空地，種植花木，名為「窺園」，指的是「下帷講誦，三年不窺園」之意，並自於園中開館授徒。許南英先後從陳良玉、許鳳儀、鄭永貞、葉崇品等老師。

　　1879 年(光緒 5 年)許南英在 25 歲那年中秀才，1881 年(光緒 7 年)結婚，1885 年(光緒 11 年)中舉人，1890 年(光緒 16 年)高中進士，分簽「兵部車駕清吏司主事」一職後，未就任即返回臺南的老家，仍居世家的「窺園」。

1894 年(光緒 20 年)大清與日本爆發朝鮮戰爭,臺灣巡撫邵友濂調屬湖南巡撫,由臺灣布政使唐景崧繼任。許南英應唐景崧之聘,入「臺灣通志總局」協助編撰《臺灣通志》臺南府屬的歷史沿革和風物等文字書寫。

1895 年(光緒 21 年)甲午戰爭和臺灣民主國期間,在臺南襄贊劉永福抵抗日軍,清廷敗績,唐景崧、丘逢甲、劉永福等先後內渡。日軍進入臺南,許南英在鄉紳協助下,以竹筏暗送出安平港,並在英國船隻協助下內渡廈門,轉汕頭,再輾轉到東南亞暹羅(泰國)、新加坡等地發展。

許南英有〈憶舊〉詞提到:「已無生氣,進退真狼狽;半壁東南已去,忍不住,牛山淚。汐社杜鵑拜,河山悲破碎,多謝安平漁父,盪雙槳,來相濟」。〈寄臺南諸友〉云:「徒死亦何益,餘生實可哀;縱云時莫挽,終恨我無才。身世今萍梗,圖書舊劫灰;家山洋海隔,鄉夢又歸來」。

內渡後的許南英,其年僅三歲的兒子許地山亦隨母等人內渡,得與又從南洋回來的父親許南英在漳州團聚。許地山 1894 年(清光緒 19 年)生於臺南府城延平郡王祠附近的自家莊園窺園(人稱馬公廟許厝),名贊堃,字地山,筆名落花生。母吳慎。許地山母語是臺灣話,從小受書齋的傳統漢學教育。

1911 年辛亥革命後,許南英在漳州曾被推舉革命政府民事局長,不久政局南北議和,該單位被撤,乃退居海澄縣屬海滄墟,號曰「借滄海居」。這期間許地山便在漳州的小學、中學、師範學校教書,也曾經到緬甸仰光的僑校任教。

1912 年許南英攜許地山兄弟首次回到日本統治時期的

臺南省親，寓居於其門人吳筱霞花園內的「嘯霞樓」，許家舊宅「窺園」則部分已租給日本人公司做為員工宿舍，家人仍住前院，此時竟以築路的原因必須被拆除，許南英在痛心之餘，寫下「秋風一敝廬，聞道作通衢；古諺『屋成路』，君權水在盂」。

許南英除有感於臺灣人素有忌諱「家欲破，屋成路」之外，又受到本長於「窺園」的梅花因被日人移植而致枯死，乃有詩弔：「主人宜避地，問汝亦何辜；共受鋤根苦，誰憐傲骨枯？清高原是累，依附況相誣；太息蟠根地，終應變道途」的無限感慨。

另外，許南英受到南社和紳商學界的熱烈歡迎，也以〈六月二十四日與諸社友往竹溪寺參謁關聖〉、〈重陽前一日吳園分韻小集〉、〈留別瀛社、桃社、竹社、櫟社、南社諸同人〉等留下多篇的紀實詩句。

許南英謁延平郡王祠詩弔：「孤忠抗節海之濱，香火空山草木新；獨有梅花偏耐冷，枯根不受帝王仁」。賦歸後的許南英，曾出任過短期的龍溪縣知事，1914年應廈門鼓浪嶼菽莊主人林爾嘉之邀加入詩社，1915年其子許地山與住在漳州的臺中霧峰林家林月森訂婚。

1916年許南英回臺參加「臺灣勸業共進會」，並得以與舊友吟詩唱和，其中有詩贈謝石秋：「五年又踏臺城路，風俗人文忽改觀；觸目河山猶有感，驚心風雨不勝寒。逢場作戲嗟垂老，隔座聞歌慘不歡；寥落晨星天欲曙，披衣起坐夜漫漫」。並在瀛社顏雲年邀約下幾乎與全臺的詩友相聚歡，不慎在遊白河關子嶺時受傷，而就臺南市區療養多日。

　　之後，許南英應林爾嘉之薦，前往荷屬蘇門答臘棉蘭城的市長張鴻南之邀為其作傳，在病中仍勉力完成編撰《張君事略》，惟在準備回國之際，因病情的加劇，不幸於 1917 年 11 月間病故，時年 63 歲。

　　這年，許地山進入燕京大學文科宗教學院，五四運動時參與創辦《新社會》雜誌。1920 年許地山取得文學士後留校任教，與作家周作人等多名教授時有過往。1921 年 1 月許地山更與沈雁冰、葉聖陶、鄭振鐸等人，在北平發起成立文學研究會，創辦《小說月報》。

　　兩年後許地山前往美國哥倫比亞大學研究宗教史和比較宗教學，得文學碩士後，再轉入英國牛津大學繼續深造。期間並曾建議作家老舍將其長篇小說《老張的哲學》寄回國連載於《小說月報》，因而許地山也被老舍視為是他文學創作的引路人。1926 年在取得牛津大學文學碩士後又轉赴印度專研佛學與印度學。

　　許地山與林月森於 1918 年生下他們女兒許懋新，兩年後夫人不幸病逝。1927 年許地山回國任教於燕京大學，同時在北京大學和清華大學兼課。1929 年 5 月他與周俟松戀愛結婚。1931 年兒子周苓仲出世。1932 年生女許燕吉。1933 年攜妻回臺北帝國大學訪問，與日本漢學家神田喜一郎教授交流，並回故鄉臺南會見許丙丁等文化人，還送許丙丁一部他彙集父親許南英的作品《窺園留草》。

　　1935 年許地山經由胡適的介紹，受遇於香港總督、漢學家葛量洪的邀請，出任香港大學中文系主任，3 歲的許燕吉隨父母南下到了香港。1941 年許地山因病(與胡適同是心臟

病)不幸猝死於香港，年僅 48 歲。墓碑上面寫的是「香港大學教授許公地山之墓」，及其在世日期，而下款是其兒女。

許地山未能如胡適的長眠於臺灣。《窺園留草》一書是到了 1962 年在臺北由黃典權校點重排，1993 年臺灣省文獻委員會出版。現在臺南市有所私立南英高級商工職業學校，原為日治時期日本淨土宗僧人田村智學創辦的商業學校。戰後由許仲璜接收，並改名為南英商工，就是紀念出身臺南府城的許氏先賢許南英。

宋澤萊《臺灣文學三百年》論述：「窺園」和鄭用錫的「北郭園」、林占梅的「潛園」一樣，是臺灣林園(田園的一部分)藝術詩文的重要代表作，表示這時的移民的菁英人士有能力不再心向大陸風物，而能在臺灣構築美麗的林園來作為自己以及子孫永久棲身之用，足夠說明其本土化之深了。

許地山是我們這一年代華人熟悉的作家，尤其他寫的一篇〈落花生〉散文，更是充滿著溫馨的闔家歡樂圖。文字裏有母親的慈愛、嚴父的期盼、兄姊弟的手足之情，真實描述了許地山小時候的一次家庭記趣。

近年，在大陸的許地山女兒許燕吉將自己所面臨生活的艱困曲折，尤其在文革期間的遭遇坐牢，於她晚年寫的回憶錄《我是落花生的女兒》中記述：「我是許地山的女兒，可惜在他身邊的時間太短。如果上帝允許，我希望時間永遠停留在前一天。父親不要走，我也永遠不要長大……但他那質樸的『落花生精神』已遺傳到我的血液中：不羨靚果枝頭，甘為土中一顆小花生，盡力作為有用的人，也很充實。」

許南英許地山許燕吉的祖孫三人，與胡傳、胡適、胡思

杜的祖孫三人，如果問我對於這兩家族人迄今留給後人的最大省思是什麼？我會認為許家第三代許燕吉當面對被批鬥事件與生活困境時，她勇敢地解決問題而活過來了；但是胡家第三代胡思杜當面對被批鬥事件與生活困境時，卻選擇了結束自己寶貴的生命，這是一件比較令人感到遺憾的事。

(2020.11.22)

《臺灣政治經濟思想史論叢》導論篇

　　我寫《臺灣政治經濟思想史論叢》(全套六卷)的緣起，是有鑑於過去探討臺灣政治經濟發展歷史的著作，幾乎是全由統治者或持政府的立場來加以詮釋與書寫出版，其可說是比較偏向於對國內政經發展立場所作的「大內宣」，和對國際環境變化所提出的「大外宣」。

　　我認為臺灣政治經濟體制發展的關鍵點，出現於 1996 年中華民國總統、副總統直接民選的產生，和 2000 年大選結果的臺灣首次出現政黨輪替。這對於長期研究政治經濟學的我而言，給我帶來極大的震撼與衝擊，深深地影響我重新再去思索學術上國家與社會關係，而聚焦於政府與人民彼此之間的主從新關係。

　　2000 年之前的 20 年，我在黨政部門參與國家重大政策的實際工作經驗；之後的 20 年，我藉在中央警察大學與臺北城市大學的這二所大學通識中心的教學與研究，得以深入從「土地共同意識」、「相互主體性」和「歷史結構性」的途徑，來釐清與建構臺灣過去 400 年來，曾經生活在這塊土地上(包括原住民族、荷蘭人、日本人、中華民族)人民與各時期 (東印度公司、鄭氏東寧、大清、日本、中華民國) 政府之間的關係，並審修自己過去發表的著作和論文。

　　這一路走下來我的經歷 40 年之久的淬鍊，透過有脈絡、

有系統地整理從原住民時期(~1624)民會政府型態、荷蘭西班牙臺灣時期(1624-1662)商社政府型態、鄭氏東寧臺灣時期(1662-1683)封建政府型態、清帝國臺灣時期(1683-1895)邊陲政府型態、日本臺灣時期(1895-1945)殖民政府型態、中華民國臺灣時期(1945-迄今)戡亂政府型態(1945-1987)與轉型政府型態(1987-2020)等七個時期的聚焦在人民與政府關係，並從中發現「人民主體本土化」與「政經體制民主化」，其相互糾葛前進或後退的歷程，實證了臺灣400百多年來歷史的發展與變遷。

臺灣政經史的從「土地共同意識」，透過「人民相互主體性」與「政府歷史結構性」的研究途徑，形塑了當代強調「人民主體本土化」的深化與「政經體制民主化」的鞏固。它是一個歷史動態發展的進行式，未來我在探討公民社會與國家體制關係的再研究，自許未來能有一部更完整詳盡的《臺灣政治經濟思想史》論述。

現在容我先將已陸續出版《臺灣政治經濟思想史論叢》(卷一)至(卷六)的這套作品，呈現給大家，敬請不吝指教。以下我謹就全套(卷一)至(卷六)的內容簡略介紹如下：

《臺灣政治經濟思想史論叢(卷一)：資本主義與市場篇》，旨在論述資本主義與臺灣產業發展、兩岸經貿史的結構與變遷、近代經濟思潮與臺灣經濟特色、荷鄭時期經濟政策與發展、清治時期經濟政策與發展、戰後臺灣政經體制發展，以及全球化與臺灣經濟發展的論文等16篇。

《臺灣政治經濟思想史論叢(卷二)：社會科學與警察篇》，旨在論述臺灣政經發展的社會性思維、文化性思維、

安全性思維，以及明清時期臺灣社會土著化與閩南文化發展、日治時期經濟政策與發展，和戰後臺灣警察與國家發展的關係論文等 12 篇。

《臺灣政治經濟思想史論叢(卷三)：自由主義與民主篇》，旨在論述臺灣經驗與近代中國化，包括我撰寫《近代學仁著作書目提要》的心路歷程、1950 年前後臺灣「胡適學」與自由主義思潮、近代臺灣發展本土化的變遷，以及臺灣觀點與治安史書寫，和臺灣企業與中國式管理的論文等 13 篇。

《臺灣政治經濟思想史論叢(卷四)：民族主義與兩岸篇》，旨在論述臺灣特色資本主義發展、中國特色社會主義發展、兩岸關係發展與變遷，以及余英時自由主義與兩岸關係評論的論文等 4 篇。

《臺灣政治經濟思想史論叢(卷五)：臺灣治安史略》，旨從政治經濟學途徑，透過涉外性、政治性、經濟性、社會性等四大環境因素，完整論述臺灣從原住民時期、荷西時期、東寧時期、清治時期、日治時期和國治時期的貫穿臺灣歷史的治安發展與變遷。

《臺灣政治經濟思想史論叢(卷六)：人文主義與文化篇》，分三大部分：第一部分《近代學人著作書目提要》補述；第二部分中華儒家文化；第三部分 中華文化主體性。一共收錄論述胡適、余英時、徐復觀等學者對於中華文化觀點的相關論文 4 篇。

素來我喜歡研讀胡適與梁啟超的著作，也深受這兩位學人思想與精神的影響。胡頌平在《胡適之先生晚年談話錄》裡紀錄下，當胡適於 1961 年 12 月 14 日在臺大醫院住院期

間，胡適特別提到《儒林外史》〈第三十四回〉裡面的杜少卿，指的就是吳敬梓自己，胡適引寫了杜少卿的話：逍遙自在，做些自己的事吧！其實就是吳敬梓的話。

對照 1961 年 12 月 17 日的胡適 71 歲生日，實足年齡 70 歲，而在 1950 年農曆 12 月出生的我而言，迄 2020 年 12 月我也實足年齡 70 歲。回溯自己從 2016 年 8 月 1 日起從中央警察大學通識教學中心專任退休改聘兼任教職之後，我就已調整持有逍遙自在的心態，來做一些屬於自己比較喜歡思考的事。

我也學習梁啟超晚年隱居天津著述的精神，我將我其中一部分的時間，除了用來完成書寫【拙耕園瑣記系列】、【溫州街瑣記系列】，和【蟾蜍山瑣記系列】的地方誌文字之外，我從 2017 年 1 月審修完成《臺灣政治經濟思想史論叢》(卷一)以後，陸續出版(卷二)(卷三)(卷四)(卷五)，到 2020 年 11 月(卷六)，終於完成上述全套 6 卷計 150 萬字的學術研究精華。

這部貫穿臺灣歷史 400 年和匯流中華民國政經歷史的發展與變遷，可以說是就從最具有歷史性意義的大員府城文化記述開始吧！(2020.12.22)

第二部分　府城文創風華

上海、天津與臺南大天后宮
的媽祖信仰特色

　　我的第一次踏上上海，是在 2006 年 10 月 12 日起至 10 月 16 日止的為期 5 天，應上海社會科學院之邀，前往上海市參加「海峽兩岸媽祖文化學術研討會」。

　　上海天妃宮外觀給我第一印象是與現在臺灣的臺南大天后宮，或諸多媽祖廟的建築風格有所不同。天妃宮還真像一座佛教廟宇，到現在的住持仍是位高僧。天妃宮是上海地區唯一留存的媽祖廟遺址，

　　天妃宮最早是南宋時期松江府聖妃宮在上海縣的行祠，名「南聖妃宮」，後移地上海十六舖小東門，名「順濟廟」，遭毀於 1853 年(清咸豐 3 年、太平天國 3 年)；1879 年(光緒 5 年)崇厚奏請朝廷重建於上海北蘇州河南路橋，改名「天后宮」；1980 年因市政建設需要，將其大殿移至現址方塔園內，才命名「天妃宮」。

　　又因黃浦江是上海人民的母親河，「浦江媽祖」成為是上海媽祖文化的主要代表。現在的天妃宮除了信徒祭拜之外，與興建於 1978 年的方塔園都作為清代園林文物建築景觀供信徒和遊客觀賞。

　　方塔園的原址曾為唐宋時期古上海(華亭縣)的鬧市中

心，現還存有北宋方塔、明代府城隍廟磚雕照壁等文物古蹟，及多株古樹名木，並且經常在此舉辦各類文化活動，是上海市重要的宗教文化觀光景點。

夜晚，正高度發展的上海外灘，從臨黃浦江長堤一眼望去，除了壯闊的水面之外，更可見長江口的壯麗。登船漫遊黃浦江，兩岸景色盡入眼底。外灘對岸是浦東高聳入雲的東方明珠廣播電視塔、上海國際會議中心，和陸家嘴金融貿易區鱗次櫛比的摩天大樓，上海外灘的建築贏得「萬國建築博覽」美稱。

2010 年 9 月 26 日我到天津，參加「第五屆中國・天津媽祖文化旅遊節」。「天津」給我的印象是就讀初高中時期的歷史課本，其名字是在五百年前的明成祖朱隸所賜，有「天子渡口」之意，築城設「天津衛」。

「天津衛」是位在中國北方的地理區域，離北京不遠，是孫中山建立民國以後，為尋求北方袁世凱的支持，於是才了解袁世凱在滿清政府中的舉足輕重，因而知道天津有其操練新兵的「天津小站」。

代表天津媽祖天后祭祀海神的「皇會」表演活動，是彰顯了媽祖文化風韻，以及天津地域民俗風情的演變，記憶的是這個城市的歷史、文化、民俗、信仰，乃至於音樂、舞蹈、工藝美術等非物質文化遺產。

以往我對「皇會」的意涵並不是很清楚，看了撰寫這書文字稿的尚潔女士所寫的〈前言〉，才知道是為祭祀海神—天后娘娘誕辰而舉行的大型慶典，是天津民間最為隆重的民俗活動，曾被譽為「中國人的狂歡節」。

　　我在品嘗過天津知名的狗不理包子後，遊覽海河的夜景也是這次天津之行的重要目的之一。由於海河是天津的母親河，猶如運河之於臺南、淡水河之於臺北，其蜿蜒跨越河上的各式橋樑設計，形成「一橋一景」的特殊景緻。

　　我們乘坐遊輪，解說員特別介紹了海河兩岸匯聚中國傳統建築、歐式建築和現代建物的特色，許多名人的舊居，諸如：孫中山、袁世凱、曹錕、馮國璋、顏惠慶、顧維鈞等，也多與 1860 年代開港成為西方租借之後的歐式建築並排聳立於河岸的兩旁。

　　郵輪繼續往渤海的方向航行，解說員的聲音也未曾斷過，但是這時我的思緒是疑惑舊居之中，是否包括梁啟超的舊居？1914 年梁啟超因為有感於時局的混亂，舉家遷居天津，在意大利租借處建了一棟巴洛克式的兩層樓房，並引用寒天飲冰水，點滴在心頭的處境，將其住家號稱「飲冰室」，梁啟超晚年的主要作品皆完成於此。

　　1860 年代天津的開港遭遇，和當時英法等帝國主義國家的逼迫臺灣要開港通商，除了現在淡水(滬尾)、高雄(打狗)之外，乃至於臺南(安平)運河的環境變化又有何不同？這些的問題在海河涼風的不斷吹拂下，卻在我的腦中久盪不去。

　　天津西區著名的楊柳青石家大院，是因為楊柳青是古蹟名鎮的歷史城市，距今一千多年以前的宋代就聚集人潮的形成部落；元代更是在此駐軍屯田，到了明、清、民國時期曾是南北與東西漕運的樞紐碼頭，以及是華北地區的主要經濟發展要地。

　　天津石家大院正位於楊柳青鎮的中心，大院門前是京杭

大運河流經天津的南運河。石家原籍山東，先人全家從自營的一隻運輸船開始，來往於天津一帶。在 18 世紀中葉，到了石衷一的這一代，事業逐漸穩定後，就選擇了在楊柳青落戶。

石衷一單傳石萬程階段，適逢直隸發生大水災，鄰近地區的農田收成驟減，經營糧運的石家財富大增，又是單傳石獻廷時已是家大業大，石獻廷育有四個兒子和十多個孫子，而在石家子孫漸次博取功名的同時，也陸陸續續蓋起大四合院，依續有了長門福善堂、二門正廉堂、三門天錫堂、四門尊美堂的宏偉建築，終於成就了石家大院的規模。

置身於石家大院就有如進入一座迷宮的感受，戲樓、甬道、長廊、影壁，還有保安設施、取暖設施、防潮與防鹼設施、排水設施，以及院落的客房院、外帳房院、女花廳院、男花廳院、內帳房院、內宅兩院、東跨院、佛堂院、穿山遊廊院、學堂院、家丁與把式院、石府花園。

石家大院取名為吉祥之門的包括：正門、東大門、北門、北西門、垂花門、延壽與納福穿山門、祈祥與納福角門、穿堂門、穿院門、平安門、月亮門、六合門、八角門、駕福門、永康門、內宅門、甬道第一座門樓、虎座門樓、西洋門。

石家大院的磚雕、木雕、石雕等建物，豐富了石家大院的民間工藝，和民俗文化的精華，更是天津成為文物的保護和旅遊的重點。

翻閱《楊柳青石家大院》中的紀實故事，讓我聯想到臺灣板橋的林家花園，許雪姬寫的《樓臺重起──林本源家族與庭園歷史》。

天津天后宮現已蛻變為天津民俗博物館，天后宮(廟)最

早建於 1326 年的元泰定帝(泰定 3 年)，有所謂的「先有天后宮，後有天津城」的說法。清代天津詩人于豹文對當地的「天后會」描述：「翔鷗低映蛟宮水，繡帨遙連赤崁城。」

詩中「赤崁城」指的正是臺南府城，這當然更離不開臺南大天后宮為全臺之冠的第一級古蹟。根據范勝雄〈臺南天后宮媽祖首廟之研究初探〉指出，各地天后宮來郡城大天后宮進香最早，文獻首見於乾隆年間茅港尾天后宮。歷朝以來，而以「北港媽來郡乞火」最盛。

臺南大天后宮的媽祖，久富神威，盛傳媽祖神像的斷一根手指頭，是二戰時期媽祖為保護府城居民的昇天接彈所傷。現在吳烟村教授家舊宅就位在臺南市永福路 2 段 227 巷的區段。這舊宅三樓圍牆在陽臺改為鏤空後，可藉其高處一覽赤崁樓、大天后宮和祀典武廟的三處古蹟，遂取名「府城歷史之窗」。

這三處的古蹟，似乎在述說著：赤崁樓為東印度公司建立的普羅民遮城，和是鄭成功家族治臺時期的承天府署；而大天后宮和祀典武廟的原為朱術桂寧靜王府，到了清治時期更是施琅的提督府、朱一貴的登基處，和劉永福的遷都總統府。

尤其深入了解臺南大天后宮與府城相關的歷史事件，諸如：寧靖王五妃的殉節，施琅受降的宣讀清康熙帝受降詔書，朱一貴、杜君英聯手攻入府城之後的朱一貴建國號「大明」，劉永福大將軍的以天后宮為行館等等。

由「明寧靖王府」改制的國定古蹟臺南大天后宮，是全臺第一個官建的媽祖廟，迄今已有三百多年歷史，內部有許

多珍貴歷史文物，建築本身也具有特色。這些都是我們這一代必須要了解的府城歷史，更加凸顯臺南延平郡王祠改制為臺南歷史博物館的意義。

　　如果踏查吳家舊宅所在的巷子，當發現還具有特別的一項意義，就是強調「臺灣文學主體性」，亦即有「臺灣文學之父」尊稱的葉石濤先生，在其第一部小說《葫蘆巷春夢》所描寫葫蘆巷口的地方。

　　近年來臺灣的媽祖廟也都與上海天妃宮、天津天后宮、湄洲媽祖廟都互有交流，也創造了文化創意產業的經濟效益。臺南大天后宮氣的接地氣，如上架「平安糕」(全素綠豆糕)、製作「月老幸福御守」，將更有條件可以發展成宗教文化觀光的勝地，為臺南府城奠定文化古都的歷史地位。

(2020.10.04 審修)

湄洲媽祖祖廟、廈門大學
與旅遊博覽會論壇

　　2010 年我的踏查湄州、莆田、廈門大學，與我們同行的還有潔兮杰舞團。潔兮杰舞團總監樊潔兮和其夫婿臺南出身的攝影家柯錫杰，他們夫婦在國內外藝文界早享有盛名，樊潔兮的舞蹈表演曾經在國家戲劇院公演媽祖海上救人的傳奇故事，非常轟動。

　　柯錫杰今(2020 年)6 月在臺北過世，享年 91 歲。他年輕時期曾赴日本東京綜合寫真專門學校研習攝影，1967 年轉赴紐約，是少數當時活躍於紐約的華人攝影家。作品結合詩的意境與畫的質感，開創「心象」攝影風格。

　　晚年偕夫人舞蹈家樊潔兮返臺在淡水定居，更返回故鄉臺南安平拍下《舊約》與《新詩》，特別凸顯的是故鄉情懷的光影與歲月之美。柯錫杰曾說，自己一生是由攝影所寫成的。他的作品先後得過吳三連、國家文藝獎，堪稱二十世紀現代主義中具人文關懷的最有指標性攝影家之一，是臺南府城的榮耀。

　　這次的行程我們是選擇早上從桃園直飛廈門機場，然後上沈海高速公路，一路經過泉州市、泉港、晉江，再改乘渡輪前往湄州島，參拜聞名中外媽祖祖廟。當晚夜宿臨海的美

海大飯店,這是我已經許多年未曾再有過享受的夜晚,但是這次夜裡的海風呼嘯聲,卻是讓我心思未得安寧,還把我冷得一夜難眠。

心裡直想著蘇軾〈六月二十日夜渡海〉:「參橫斗轉欲三更,苦雨終風也解晴,雲散月明誰點綴,天容海色本澄清,空餘魯叟乘桴意,初識軒轅奏樂聲,九死南荒吾不恨,茲遊奇絕冠平生。」的悲壯。

湄洲媽祖祖廟是臺灣媽祖信眾進香和祈求平安的祖廟,每年來此朝拜的信眾不下十萬人。如何配合湄州島觀光休閒區的開發,以吸引外資前來投資,將湄州島規劃成為一個觀光島是重要發展文創產業的課題。

探討如何將湄洲島發展成觀光休閒渡假中心,特別是以媽祖廟為號召,吸引媽祖信眾、全球旅客到湄洲島來,並能留在島上住宿消費,希望規劃設立媽祖文化園區,吸引外商來設點經營。

又如與媽祖相關的創意商品設計,除了設計媽祖祖廟紀念卡之外,在飲食文化如何使得湄洲島有名的魚飯、媽祖平安糕在具創意的包裝之後,能仿造臺灣鳳梨酥的包裝,糕點的品質要改良到入口即化,不黏牙齒。

在交通設施環島公路已經建設完成,但現代城市該具備的軟體有待加強;在住宿品質上的增加五星級度假飯店;在服裝設計媽祖祖廟女志工的媽祖裝,凸顯媽祖文化特色;在學術交流繼續舉辦湄洲媽祖海峽論壇。

在休閒度假湄洲島約 14 平方公里,汽車環島時間約 30 分鐘,湄洲島可依其生態特色興建大型植物園,北依大靠山,

南面臥佛嶼，其面積達 3,000 畝。這一大型植物園集植物生態、資源保護、科普教育、旅遊景觀為一體，為到湄洲島旅遊、進香的遊客提供更多的旅遊景點。

我們也參觀周金琰老家，當時正改建成客棧方式，類似臺灣的民宿來經營，這是符合湄洲島國家旅遊風景區的規劃，並聯合附近的鄉居結合成一個大的客棧聚落，可與正對面的五星級觀光酒店成一對比，讓旅客多一種選擇，喜歡古風傳統鄉居的旅客可以休閒其間，提供菜圃可以自由採集烹調，房間內將放置一些與媽祖有關的文物，提供旅客另類知識與生活的體驗。

此行除了參觀莆田市藝術館之外，樊潔兮總監主要是要了解該館是否適合未來潔兮杰舞團來此演出。現有的這個場地雖正翻修，但也只適合一般民眾的表演活動。如果潔兮杰舞團要表演以媽祖為主題的高水準活動，就要等到新館完成為宜。莆田市藝術館非常重視有關媽祖文化活動，尤其媽祖文化被聯合國列為非物質文化遺產之後，莆田市藝術館正編寫舉辦媽祖祭典儀式的論文。

另一項行程，就是參訪廈門大學和參觀大嶝島。廈門大學在大陸的學術地位有「北有北京大學，南有廈門大學」的美譽，猶如臺灣學術地位的「北有臺灣大學，南有成功大學」之說。我想廈門大學可與成功大學結為姊妹校，相互學術文化與教育的交流。

大嶝島因緊鄰大小金門，隨著兩岸緊張局勢的和緩，近年來許多臺商也看好大嶝島的特殊地理環境和歷史背景，積極投資觀光休閒產業，臺商來此投資的個案也有越來越多的

趨勢。

　　大嶝島上双滬地區的靈濟宮，靈濟宮初建於南宋，康熙年間重修，靈濟宮還有旁邊新建的媽祖像，面對著臺灣海峽，天氣晴朗時可看到前方的大金門和小金門。大嶝島、小嶝島、嶼島在廈門被稱為英雄三島，原因是八二三炮戰時，砲打大金門和小金門。

　　2016 年我有機會應邀參加「廈門旅遊博覽會」，對於廈門才有進一步的認識。廈門主要是由廈門島、鼓浪嶼和九龍將北岸的沿海部分組成，總面積 1,516 平方千米，是福建省第二大城市，目前轄有 6 區 1 縣，即：思明區、開元區、鼓浪嶼區、湖裡區、集美區、杏林區和同安縣，人口約 220 萬人。主辦單位「第十二屆海峽旅遊博覽會組委會」工作人員在機場引導我們上車，到達翔鷺國際大酒店已是深夜了。

　　我們參觀的第一站，參觀海滄「騰邦欣欣產業園」，當地人習慣將廈門稱「島內」、海滄則被稱「島外」。 第二站參觀青礁村慈濟保生大帝宮，與我多年前在漳州白礁村保生宮、臺北保安宮不同的是，有座保生大帝的石像矗立在保生大帝宮背後高山的不遠處。第三站是參觀青礁村社區，有多位臺灣來的，在這裡經營創意小商店，或是觀光工廠。

　　第二天開始的「第三屆兩岸鄉村旅遊圓桌會議」，來自兩岸的八位學者專家聚焦四大主題，分享最具專業與實務的鄉村旅遊發展經驗。

　　第一個議題：旅遊扶貧型發展模式，分享了湖南大美苗鄉十八洞村，和臺灣南部墾丁悠活渡假村的轉型進入旅遊觀光產業。

　　第二個議題：產業依託型發展模式，分享了四川明月村的文創+旅遊+農業的產業發展模式，和以臺灣南投縣信義鄉農會為案例，闡述以在地特色的梅子，成立梅子夢工廠觀光伴手禮館，達到營銷在地的特產。

　　第三個議題：在地特色型發展模式，分享了河南好想你棗業公司以紅棗生故里，和我以「臺南市後壁區菁寮(無米樂)社區的營造再生為例」的結合地方特產，發展當地觀光的成功經驗。

　　第四議題：創意主導型發展模式，分享了鄉村旅遊+農業產業農旅雙鏈創新發展模式，實現鄉村旅遊、現代農業互相促進和共同發展的聯運效應，和臺灣以創新思考，以大湖酒莊為案例，說明如何從「連結在地文化、發掘獨特故事、營造美學新體驗」等節點入手，打造特色酒莊鄉村旅遊的風貌。

　　第三天上午我們前往廈門國際會展中心的旅遊博覽會會場，我特別走到福建安溪縣的攤位，看了有關安溪旅遊的介紹，他們特別送我「海峽兩岸清水祖師文化節暨首屆世界(安溪)清水祖師文化聯誼會」的 CD、DVD，和安溪清水岩管委會出版的《清水祖師現代感應故事》一書。清水祖師信俗已被中國大陸列為國家級非物質文化遺產。

　　下午前往漳州南靖，參觀南靖土樓的「兩群兩樓」，其係指田螺坑土樓群與河坑土樓群的「兩群」，和懷遠樓與和貴樓的「兩樓」。 這路線稱雲水謠景區旅遊專線，是電影《雲水謠》主要風光外景拍攝地、山清水秀、綠樹掩映，懷遠、和貴兩座土樓介於其間。

　　我們先抵達懷遠樓，映入眼簾的正門上寫著「懷遠樓」，右左一副對聯，右聯：懷以德敦以上籍倄齋遵祖訓，左聯：遠而山近面水憑茲靈秀毓人文。走進大門的右側牆雕有「玉樹」，左側牆雕有「寶田」，是先祖告誡後人要重視田地與愛護樹木。而眼前天井核心位置，迎面寫有「詩禮庭」的祖堂與作為家族子弟讀書的私塾。

　　懷遠樓上下堂五鳳樓建築，堂上懸掛的橫匾刻有行楷的「斯是室」，兩邊柱子上有副對聯，上聯是「斯堂詎為遊觀計敦書開耳目」，下聯為「是室何嫌隘惟思尚德課兒孫」。我買了一本《土樓印象》。

　　再走雲水謠古道，該地原名「長教」，有重視教育之意。我們步行到建築在沼澤地上的和貴樓，和貴樓的樓長簡良，大家喜用閩南語音唱「厝包樓，子孫賢；樓包厝，子孫富；和貴樓、和貴樓，大富大貴大土樓。」

　　我特地買了安溪出產的鐵觀音，雖然我在臺灣習慣每日喝阿里山的綠茶，但是這次買的安溪鐵觀音茶，純想聊慰我這次未能回安溪老家尋根之憾。是晚夜宿萬家豪(南靖)國際酒店，這裡的電視收訊比較不理想，也無較新的兩岸新聞內容。

　　最後一日清早我特地走出酒店，環顧四週景色，這裡是南靖的郊區，酒店背山，該山勢不高，前面隔著馬路是一座仿土樓建築的體育館，但是旁邊以矗立一座座現代式大樓公寓，顯得不相配。

　　我們車子從漳州南靖到廈門的急速行駛，但再到高崎機場途中，因廈門正蓋地鐵，幸好趕上回程班機，結束這一趟

廈門的「第十七屆旅遊博覽會」與「第三屆兩岸鄉村旅遊圓桌會議」之行。

　　城市結合文化觀光旅遊的文創產業性質活動，已經成為當前全球經濟發展的重要項目，今(2020)年臺南市政府亦展現府城特有的觀光旅遊活動，配合雙十國慶活動推出「臺南浪漫古都行」的城市行銷，來熱絡臺南小吃特色的促銷活動，以帶動庶民經濟發展，展現臺南文創產業的城市風華。(2020.10.25 審修)

山東青島、蓬萊閣與寧波天一閣
的文化觀光

　　2011 年我與幾位愛好文學的朋友，從桃園國際機場直飛山東素有「花園城市」之稱的青島，這是我第一次到中國大陸黃河之北的踏查紀事。

　　青島位於山東半島南端，東臨黃海，西瀕膠州灣，是個三面環海，面積約 1.09 萬平方公里的不凍港。因為青島曾是德國的殖民地，留下許多具有中西合璧建築特色的國際化城市，並因山巒起伏，綠樹成蔭，以公園數目多而贏有「花園城市」的美稱。

　　2010 年青島作為奧運帆船中心在舉辦完賽事之後，留下一座以棧橋與白色圓弧三角錐體所搭建起的「帆船橋」建築，最能襯托青島的海洋文化特色。眺望遠處清晰可見佔地 10 萬平方公尺的「五四廣場」，主要是紀念以收回青島為訴求所發起的五四運動，只難覓當年愛國之士的「五四精神」。

　　我們在參觀青島啤酒博物館後，嶗山就在不遠處，從車上見到久聞盛名的嶗山校區海洋大學，因未在行程之列，只能期待日後造訪；而匆匆走過的太清宮，是令人稱羨的「聖地」，在已春日時分的清幽仙境還帶些微北方寒意，讓我們這些來自臺灣臺南的島嶼之民，有股未曾有過的感受。他日

再來當更有機會體會這宜居幸福的城市。

我們到訪甲午黃海戰爭之後，更為出名的威海(衛)，這城市現已建設發展成寧靜、花滿街的適合居住城市。之後再搭渡輪到扼守北京、天津門戶的劉公島，該島也是清政府時期「北洋水師」的誕生地；同時隔著渤海，對岸即是著名的北方大港大連港。

抗戰時期著名畫家徐悲鴻有幅畫作，還以田橫五百壯士為背景，激發中華兒女士氣。甲午戰爭博物館設在北洋海軍提督署舊址，館前書寫著：「願人人戰死而失臺，決不願拱手而讓臺」的大字，另座紀念鐘上還刻有：「銘記歷史 警鐘長鳴/ 強我海防/ 興我海權」等大字。

這些都是黃海敗戰、北洋水師解體，臺灣、澎湖在割讓給日本，更留下爭議釣魚臺列嶼的慘痛教訓。「我來自臺灣，當知臺灣事」，於是當場我買了吉林大學出版社出版，陳悅的《碧血千秋——北洋海軍甲午戰史》，和中國文史出版社出版，鴻鳴(喬洪明)的《甲午海戰》二本有關甲午海戰的書，以便再深入了解這段與臺灣發展密切有關的歷史。

特別憶起當 2006 年我初訪福州城市而有「南洋水師」之稱的馬尾船政中心時，所見到海軍提督(大臣)薩鎮冰題寫「碧血千秋」的四個字匾額。我們在離開甲午戰爭博物館，來到了煙台山公園則是 14 世紀末期明朝為防倭寇侵擾，特設置狼煙墩臺的烽火臺，煙台這城市因而得名。

以後的煙台到了 1860 年代有著與臺灣滬尾、打狗、安平等港被迫開港的相同遭遇，西方殖民帝國開始相繼興蓋領事館、郵局和教堂等代表工業文明的建物。當前煙台也有許

多臺商來此投資，我們也與投資協會人員在皇冠酒店餐敘，紓解這些臺商在外地的思鄉情緒。

隔日我們一早來到充分代表中國釀酒工業與文化歷史的「張裕葡萄酒廠」，不知者以為我們皆是一群好酒之徒，其實這是為前往遼東半島最北端蓬萊閣風景名勝區的行程而排定。

蓬萊閣傳為秦始皇東尋求藥，漢武帝御駕訪仙之地。在蓬萊閣風景名勝區用過午餐，我們開始漫步登上坐落煙台丹山崖極頂，迄今已建有9百多年歷史主體的「蓬萊閣」。

它主要由呂祖殿、三清殿、蓬萊閣、天后宮、彌陀寺等建築組成，閣樓高15公尺，坐北面南，雙層木結構，閣下面臨大海，建築凌空，海霧四季飄繞，素有「仙境」雅稱。

對此建有天后宮一廟甚感驚奇，入宮合掌一拜，心寬不少；再往上登，來到「蘇公祠」，對大文豪蘇東坡睿智選此作為歇腳處驚歎不已，遠眺黃、渤海分界線，和廟島的海景。

蘇東坡當年曾任登州知府一職，雖然到差時間只有短短的5天，卻幸運地在離開那一天見到「海市蜃樓」，蘇東坡因而寫下〈海市詩〉：「東方雲海空復空，群仙出沒空明中，蕩搖浮世生萬象，豈有貝闕藏珠宮。心知所見皆幻影，敢以耳目煩神工。歲寒水冷天地閉，為我起蟄鞭魚龍。重樓翠阜出霜曉，異事驚倒百歲翁。人間所得容力取，世外無物誰為雄。率然有請不我拒，信我人厄非天窮。潮州太守南遷歸，喜見石廩堆祝融。自言正直動山鬼，豈知造物哀龍鍾。伸眉一笑豈易得，神之報汝亦已豐。斜陽萬里孤鳥沒，但見碧海磨青銅。新詩綺語亦安用，相與變滅隨東風。」

　　我們到訪時刻又逢傍晚時分，只見大地一片蒼茫，拾階都已視而模糊，我已許久未有白居易〈長恨歌〉：「忽聞海上有仙山，山在虛無飄緲間」的感受，亦難體會當年葡萄牙人從海上驚見臺灣而呼之「伊啦‧福爾摩沙」(Ilha Formosa)的情景。

　　蓬萊閣風景名勝區是山東半島最具魅力的風景區，包括了三仙三、八仙過海兩風景區和蓬萊海洋極地世界，聽說下雪過後的殘冬景色更是淒美，可惜無緣，這次我們來得不巧，時間早了些，也就預約在下回哪年的冬季？也期望能造訪大陸北方唯一閩南建築，位在煙台市芝罘區的天后宮。

　　出了蓬萊閣風景名勝區，路見魯東大學、山東工商學院的學校大招牌，因為不在安排的行程內，不克下車參訪，期待後日有機會來拜會，心得就可提供臺北城市大學校務發展的參考，我心裡是如此盤算著。

　　參訪周村古街之後的遊覽岱廟，先坐纜車，在徒步登泰山玉皇頂，其因玉皇廟得名。孔子登泰山而小天下，而杜甫會當凌絕頂，一覽眾山小的經驗，我則考驗體力，中途雖屢屢停下休息，但仍努力跟上人群，也流了一身大汗，最終攻上泰山頂成功，值得一記。

　　孔廟、孔府、孔林三景點的參觀絕不可錯過，我景仰一代宗師，心儀「人間學問」之博大精深，只感嘆有否「現代儒商」的出世！隨著我們來到《三國演義》中出現的棗莊，也參觀了「李宗仁史料館」、「老火車站舊址」，和「臺兒莊大戰紀念館」之後，便來到臺兒莊古城進行「兩岸文化交流論壇」，和接受新聞媒體的訪問。

更從臺兒莊的抗日戰役，聯想清、日的甲午事件，牽動的不只是國共抗日的記憶，深處椎心的是 1895 年馬關條約臺灣的被割讓，兩岸被迫分離的命運。這時的古城正打造中國首座二戰紀念城市，已成為「海峽兩岸交流基地」。

我們的夜宿古城，一大早，特別不放過古城的清晨美景。大家不捨地的離開古城，路經濟南，先到黃河口，才知黃河水黃的原因。來到大明湖，試圖一睹劉鐵雲《老殘遊記》描寫他遊大明湖光山色的「忽聽一聲漁唱，低頭看去，誰知那明湖業已澄清得同鏡子一般。」

大明湖是濟南三大名勝之一，集水域風光、古園林景觀、古道觀紀念性建築為一體，有「泉城明珠」的美譽。大明湖景點多，有一閣、二園、三樓、四祠、六島、七橋、十亭。以及「四面荷花三面柳，一城山色半城湖」是大明湖風景最美的寫照。同時，我也體會了趵突泉何以有別臺南家鄉關子嶺溫泉水質與溫度的差異。

夜裡再度回到青島，已是結束旅程的前一天，德國總督樓舊址博物館，又勾起記憶帝國主義侵略的行徑，青島的受殖民經驗可真是豐富。從 1897 年到一次大戰時的 1914 的德國帝國主義，而 1914 年到 1922 年的八年，和 1938 年的到 1945 年二戰結束，青島先後還有這兩時段的日本殖民統治，只是總長的苦難，仍難抵過臺灣被高壓剝削時間的一半，卻蘊含共同飽受帝國主義殖民侵略的悲劇歷史意涵。

這題材提供東亞文化殖民城市比較研究的顯學內容，我從青島帶回一本由青島市文學藝術界聯合會發行總期數已高達 392 期的《青島文學》，如果以每月出版 1 期的話，其發

行時間應該已經長達 30 年以上，可真是不容易，可惜光從這一期的《青島文學》是無法窺其是否曾對青島殖民地文學深入討論過。

　　與青島同是具有海港城市的寧波，我是在 2009 年應邀到寧波參加學術研討會。今日的寧波是舊時的明州，與當時的廣州、泉州並列中國三大貿易港，也是世界舟楫文明的發源地之一。我們一行人於抵達寧波，在文昌大酒店完成報到手續，隨即趕到位於市區三江口東岸慶安會館的參觀天后宮。

　　慶安會館亦即寧波天后宮，1853 年(咸豐 3 年)建成，為甬埠北洋船商捐資創建，既是祭祀天后媽祖的殿堂，又是早期福建地區到寧波工作的人民，或商務的生意人投宿和行業聚會的場所。慶安會館座東朝西，佔地 8,000 平方米。

　　沿中軸線有宮門、儀門、前戲臺、大殿、後戲臺、後殿、前後廂房等，建築裝飾採用磚雕、石雕和朱金木雕等寧波傳統工藝，堪稱寧波近代地方工藝的傑作。在慶安會館原來的馬路對面還有座安瀾會館，後因老舊，加上馬路擴建而被拆掉了，真是可惜，文物是不能再生的。

　　我和朱浤源教授故鄉同是來自臺南府城，也談起臺商如何在大陸創造利潤又不失去如章太炎所說的「自性」心態，這可與「主體性」的概念相比喻。

　　結束研討會的隔日考察活動，我們是先考察奉化溪口的蔣氏故居，雪竇山的遊客中心就是我們最先抵達的地點，稍作休息和聽取登山的行程後，即步登妙高臺和參觀蔣公故居。

　　蔣氏故居展覽的圖片中還出現「張學良將軍第一幽禁地」的指示牌，說明 1937 年西安事變之後，張學良被幽禁於

此，圖片上的題詩正描述張帥當時的心境：「萬里碧空孤影遠/ 故人行程路漫漫/ 少年鬢髮漸漸老/ 惟有春風今還在」。

在離開蔣氏故居時的前面廣場，我買了大陸出版的《百年蔣家──舊中國最會玩權的家族興衰沉浮全記錄》、《四大家族祕聞》、《敗因──蔣介石為什麼敗退臺灣》，和曾擔任勵志社總幹事黃仁霖寫的《蔣介石特勤總管回憶錄》等共四本書，雖都談不上嚴謹的學術論著，但也代表大陸部分人士的觀點。

我們的另一項重要行程，就是要參訪有號稱「中國最古老的藏書樓天一閣」。「天一閣」我心儀已久，在大學時，我研修圖書館學，除了這座落於寧波市月湖之西，由明朝嘉靖 40 年(1561 年)從兵部右侍郎退隱下來的范欽所主持建造的「天一閣」之外，許多的藏書家都是我學習的榜樣，諸如梁啟超飲冰室、葉德輝觀古堂，以及鄭振鐸玄覽堂等等。

當時年少輕狂的我也模仿了這些藏書家，花錢請雕刻社刻了一顆用篆文書寫「安溪書齋」的木頭四方章，特別用印在我買由臺灣中華書局出版的《梁啟超文集》(八冊)，和不具名作者由臺灣商務印書館出版的《文學大綱》(上下兩大冊)、不具名作者和出版者的《插圖本中國文學史》(四冊)。

「安溪書齋」這顆印章，和梁啟超的《梁啟超文集》、鄭振鐸的《文學大綱》《插圖本中國文學史》直到現在我還都保存在我臺北萬隆的書房裡。俗說：「藏書是讀書人的精神寄託，藏書樓是文人雅士心目中的聖殿」，隨著科技數位進步的歲月變遷，這樣的觀點顯然已受到很大的衝擊。

這次的參觀「天一閣」藏書樓，所能使用的兩個多小時

時間實在過於匆促，「天一閣」藏書樓的珍貴古籍令人目不暇給，建築景觀也美不勝收，要深入了解「天一閣」藏書樓的精髓，我也就只能在團隊的急急催聲中很快地走一遭，在參觀過後的離開時刻，趕忙買了一本張悅鳴編著，中國攝影出版社發行的精裝本《滄桑天一閣》，帶回旅館再帶回臺灣慢慢閱讀。

2010 年 11 月世界知名的「浙江小百花越劇團」來臺灣訪問。有「中國第一女小生」之稱的小百花團長茅威濤指出，小百花越劇團的力作「藏書之家」，刻劃出「天一閣藏書樓」的精神，她形容守著「藏書樓」，就像她守著「舞臺」一樣堅定不移。這是創作藝術的精神，也是寧波文化的紀事重點，是我們所不能忘卻的。(2020.09.23 審修）

哈爾濱、慶州與臺南古都
的殖民地城市傷痕

　　歷史上的文化全球化大約可分為四個時期：一、前現代時期全球化，存在自足性傳統經濟、孤立性區域性文化與生活型態；二、現代初期的全球化(約 1500-1850)，透過人口遷移、戰爭與貿易，建立文化的傳播與模仿；三、現代全球化(約 1850-1945)，歐洲全球性帝國的社會主義、民族主義、自由主義傳播；四、當代全球化 (1945-迄今)，大規模的公共與私人媒體、觀光旅遊、運輸與通訊企業。

　　任何全球化累積影響的配置都必須體認其特有影響類型的高度差異特質，每個國家所經歷的決策、制度、分布或結構面影響，永遠沒有一致的模式。亦即全球化的影響主要取決於每個國家在全球政治、軍事與經濟階層中的立場，和國內經濟與政治結構，以及因應全球化規範的獨特政府與社會文化策略。

　　現代初期全球化的出現，全球各地才逐漸有了工業化與城市化的普遍現象。也由於有現代化的運動，全世界才開始朝向科學、理性的生活追求。然而，資本主義與現代化的引進，就臺灣的發展過程而言，並非出於臺灣人民的主觀意願，而是在殖民制度下被迫接受的。

　　承上述全球化的特性，檢視現代初期全球化的荷蘭，在
1624-1662 年統治臺灣階段的大員城市樣貌，以及這階段的
韓國慶州；乃至於現代全球化時期的日本統治臺灣與韓國的
殖民化，其所呈現的城市樣貌，甚至於戰後反共時期所代表
意涵和文化變遷所凸顯戰爭性城市，這些歷史遺產非常值得
我們深入去探討。

　　我的哈爾濱之行，是參加中國檔案學會、中國文獻影像
技術協會與中華檔案暨資訊微縮管理學會，於 2013 年 7 月在
黑龍江省哈爾濱共同舉辦的「2013 年海峽兩岸檔案暨縮微學
術交流會」。

　　對於中國東北這地方，念書的時候只知東北有九省，和
貂皮、人參、烏拉草是東北三寶，而對於哈爾濱這個城市，
我是陌生的。所以，我的第一次東北之行，也是我第一次的
哈爾濱之行。

　　我們代表團是由中華檔案暨資訊微縮管理學會理事長
吳學燕擔任團長。我們是在 7 月 7 日搭乘長榮航空從桃園機
場直飛有東方的小巴黎和東方莫斯科之稱的哈爾濱，抵達的
時間是當日中午時分。

　　哈爾濱機場係二戰時期日軍所建，規模和設備遠不如沿
海地區上海和廈門的現代化。我們花了較長的時間等待通
關，當我們一出關即見到中國檔案學會的接待人員。

　　出關上了專車，接待單位安排直接參觀哈爾濱市位在平
房區的 731 部隊遺址，這是二次大戰時日軍在此實驗細菌、
鼠疫的化學作戰所遺留下來的，雖然於 1945 年戰爭即將結束
時，日軍知道大勢已去，因為怕留下化學戰的不人道批評而

將其炸毀，但從遺跡中依稀可以看出當時整個實驗設備和過程的嚴密管理。位於原 731 部隊本部大樓的陳列館，現在陳列照片 160 餘幅，陳列罪證實物 70 餘件和大量見證人的證言。

由於整個 731 部隊遺址的空間要在短時間參觀完畢有困難，主管單位還提供自動電車的服務，好讓參訪人士能夠全程了解日軍慘無人道的惡劣行徑。當我們離開而到達哈爾濱市檔案館時已是下午的黃昏時間，東北夏天的夜晚天氣稍有涼意，對於來自酷熱臺灣的我們，不禁感到舒服之至。我特別注意到館內所懸掛「為黨管檔 為國守史 為民服務」的標語，最能代表當前中國大陸的檔案管理政策。

晚上我們投宿的馬迭爾(Modern)賓館就是研討會的地點，該晚中國檔案學會的接風晚宴，就在馬迭爾賓館的維也納廳。晚宴後，我散步到松花江畔欣賞夜景，從馬迭爾賓館到心儀已久的松花江畔只要步行 10 分鐘，而且全程是人行步道，途中除有俄羅斯式的巴洛克風格的傳統建築之外，更有一座以斯大林命名的公園，許多人載歌載舞的歡唱，哈爾濱贏得「音樂之都」真是名不虛傳。

松花江發源於長白山天池，其幹流由西向東貫穿哈爾濱市，是全市灌溉量最大的河道。哈爾濱市除了著名的松花江之外，當俄國在 1896 年獲取了在中國修築鐵路特權所建的中東鐵路，哈爾濱市淪為俄國殖民地，卻也逐漸成為第一條橫跨歐亞大陸鐵路的中心。

在飽覽松花江夜晚美景的回程，我們還特別品嘗了有「冰城之稱」的哈爾濱冰棒，之後才進入這興建於 1906 年，由俄籍猶太人約瑟‧開斯普創辦，已有 107 年的歷史且具有

法國文藝復興時期路易十四式建築,屬於馬迭爾集團股份公司旗下的馬迭爾賓館,更是當年第一次政治協商會議籌備會議選擇在此召開,許多名人如宋慶齡、郭沫若、徐悲鴻等人士亦曾在此下榻。

研討會開幕式在主辦單位的致歡迎詞中,特別提到現有151家臺商在該地投資設廠;另外,國家檔案局中央檔案館致詞的重點指出,許多民國時期在雲南的檔案資料散失在民間,還有許多檔案文獻散落在圖書館及其他機關,未來將努力搜藏在國家檔案館,目前兩岸對檔案分類方法不一致,雖然有共同被殖民的經驗,也希望未來兩岸的檔案能夠交流與應用。

中國檔案學會與中華檔案暨資訊微縮管理學會的交流活動已有22年的歷史,有助於兩岸對於中華民族和文化的認同;接著致詞的中國文獻影像技術協會徐建華副理事長亦強調兩岸檔案文獻交流的歷史和重要性。

最後是中華檔案暨資訊微縮管理學會理事長吳學燕從兩岸交流,彼此交換經驗,兩岸同文同種的一家親,和強調學術研討會學者專家發表論文的重要性。

第一場研討會發表論文,主持人是中國檔案學會付華秘書長,評論人是湖南湘潭大學的王協舟教授,三位論文發表人除了我發表的〈論檔案與文獻的整合應用——以研究臺灣治安史為例〉之外,還有四川大學公共管理學院喬健教授的〈檔案館平民化論綱〉,和哈爾濱市檔案局朱平的〈民生檔案:國家檔案館收藏的新趨向〉。王評論人對這三篇論文的評論特別提到我論文論述的嚴謹,和符合學術論文的格式,

尤其在注釋的部分尤具用心。

第二場共有四篇論文發表，臺灣學者有兩位，一位是政治大學圖書資訊與檔案學研究所林巧敏教授的〈史學者引用與使用檔案行為分析：2006-2010 引文為例〉，另一位是聖母醫護管理專科學校劉怡伶教授的〈舊刊新辦：從上海圖書館所藏「中華教育界」釐清三個基本問題〉。

第三場五篇論文全是大陸學者發表，內容偏重在縮影技術的層面；第四場的五篇，特別引起我興趣的有兩篇，一篇是中國第二歷史檔案館副館長馬振犢(由李薇代宣讀)的〈臺灣地區保存民國檔案的狀況與徵集〉，另一篇是清華大學圖書館特藏組名義發表的〈基於捐贈的「保釣、統運」文獻的收集與應用〉。

有關民國檔案的接觸，與我過去服務的單位和工作有點關係，至於發生釣魚島事件的保釣運動，當時我是大學生也曾積極參與了這項學生的遊行活動。

晚餐後，我特地走出馬迭爾賓館，沿著中央大街漫步到聖‧索菲亞大教堂(ST.Sophia Cathedral)。

中央大街真是哈爾濱的縮影，具有獨特的建築文化和歐式的生活型態，大街建於 1898 年，全長 1,450 米、寬 21.34 米，百餘年還保持原光滑的方塊花崗岩鋪砌的路面，全街建有 51 棟歐式建築，匯集了文藝復興時期、巴洛克及現代的多種建築風格。

聖‧索菲亞大教堂則是哈爾濱市最具代表性的城市景觀，該教堂建於 1907 年，原為沙俄東西伯利亞第四步兵師的隨軍教堂，是典型的拜占庭式洋蔥頭建築風格的東正教教

堂,讓我們有如置身於莫斯科紅場。廣場上的人潮,衣著打扮完全不輸給臺灣的水準。

第四場研討會共有五位發表人,其中兩位臺灣學者東華大學資管系許芳銘教授的〈政府機關電子檔案管理架構〉,和東南科技大學圖書館館長林惠娟的〈1949國民政府時期地圖檔案清理與數字典藏之研究〉。

第五場有三篇論文發表,其中有篇來自雲南省檔案局,由梁雪花報告的〈構築少數民族的立體記憶──雲南省少數民族口述記憶保護搶救的對策與實踐〉一文。

該文強調少數民族口述記憶是少數民族在歷史發展進程中形成的,由少數民族文化掌握者和傳承者口耳相傳的反映各民族政治、歷史、經濟、文化、宗教、民俗、倫理等諸多方面情況,具有保存價值的口碑歷史紀錄。雲南省檔案局的保護和搶救少數民族的立體記憶,值得我們臺灣政府對於原住民文化政策的參考。

閉幕式之後展開的參訪活動,第一站是太陽島、東北虎林園的觀光,和黑龍江省檔案館(局)的參訪。黑龍江省檔案館的參訪是除了這次研討會發表論文之外的一項重要活動項目。

因為,是省級以上的單位,設備、人員和舉辦活動的條件也比較充裕,而且檔案館的新館是今年剛落成,我們是第一批來自臺灣的訪客。所以,這次我們的參訪,館內展示的內容非常豐富。圖片展示分十大部分:

第一部分黑水文明,展出黑土先民、鮮卑文化、海東盛國──渤海王國、金源文化;

　　第二部分邊關春秋，展出設立將軍(1662 年清政府設置鎮守寧古塔等地方將軍)、戍衛疆土(1689 年尼布楚條約劃定中俄邊界)、開禁放墾(黑龍江是滿族的發源地，1860 年清政府批准黑龍江地區全面開放移墾)、流人文化(天津知府張光藻流放黑龍江的檔案資料)；

　　第三部分蒼茫黑土，展出風雨飄搖(1900 年義和團、八國聯軍，1905 年黑龍江行省成立)，興辦實業(李金鏞經李鴻章推薦在漠河開礦)、開啟文教、開埠通商、城鎮興起、民風民俗、關內移民(從山東、河北分水路、陸路，約 900 萬人在東北)；

　　第四部分民國印記，展出共和之夢、農業開發、工商昌隆、華洋金融、中西文化、城市風貌、北疆星火、紅色通道等單元；

　　第五部分苦難歲月，展出抗戰序幕(1931 年馬占山抗日)、日偽統治(1932 年 3 月成立偽滿州國)、經濟掠奪、殺人魔窟、悲慘生活、抗日烽火等單元；

　　第六部分強大後方，展出建黨建政、剿匪鬥爭、土地改革、工業建設、參軍支前、發展經濟、文化教育等單元；

　　第七部分創業凱歌，展出偉業初創、工業建設、大慶油田、開墾荒原(北大荒)、開發林區等單元；

　　第八部分非常年代，展出十年動亂(文化大革命)、知青舊影、幹校時光、經濟建設、歡慶勝利(1976 年)；

　　第九部分改革開放，展出開創新篇(1978 年第十一屆三中全會)、變化十年(1992 年鄧小平南方談話)、振興龍江、科學發展、再創輝煌等單元；

第十部分結束語。

　　研討會結束的第二日，我們離開了哈爾濱，車子路經了尚志市、海林到牡丹江市。在到牡丹江市的高速公路途中，乍見兩旁的青山翠綠，一眼無際，少見有農人出沒其間，凸顯東北地方的的地廣人稀。

　　參訪牡丹江市檔案館之後的當晚，我們為了要趕在天黑之前抵達馳名的鏡泊湖。車子在蜿蜒曲折的山路上行駛，由於停車處和我們住宿的鏡泊湖賓館有段距離，我們都必須自己拖著行李，循著水泥階梯向上尋找自己的房間。然後再到餐廳用餐，已是晚上時刻，也就未能先睹鏡泊湖夜晚的湖光山色。

　　牡丹江市檔案館人員指出，鏡泊湖是世界三大偃塞湖之一，「鏡泊」的意思即描繪「清平如鏡」。隔日一大清晨醒來，我的眼睛一睜開，鏡泊湖的晨曦已映湖面，我起床推開落地窗踏在陽臺上，感受涼風徐徐吹來，我做了深呼吸，望著整個湖光山色，水波不興，安謐情鏡，真不是一個「美」了得！我嘆息的是自己文采不足，未能為這「美色」留下令人難忘的詩句。

　　上午搭船遊湖，船在湖面上行駛非常平穩，印證了「鏡泊」的「清平如鏡」。解說員說要遊完全湖需要三個小時，我們因為受到時間所限，只能花一個半小時繞湖半圈，體會鏡泊湖的山重水複、曲徑通幽，和萬種風情、四季分明的夏水有情。

　　當我們遊湖結束，離開鏡泊湖賓館，即將離開鏡泊湖觀光區時，還特別在吊水瀑布做了停留，待看世界第一高山跳

水勇將的跳水表演，當 10 點 30 分跳水的那一時刻，照相機卡嚓聲和人們的喊叫聲，驚破這平常涔涔水聲的瀑布世界。

下午的參訪活動是寧安市檔案館(局)、渤海國遺址和興隆寺。寧安是個農業縣，是西元 689 年渤海國建立的所在地，渤海國之於唐朝關係，有如琉球國與清朝的維持長久關係。渤海國極盛階段被稱為「海東盛國」，設有五京十五府，六十二州一百三十餘縣，西元 926 年被契丹所滅。

對於渤海國所存在的 200 多年，就中國的長遠歷史而言，它只是個地方政權罷了，現在所留下的遺址，雖不盡被荒煙蔓草所蓋，但多少英雄人物的功過，也都只留在寧安市博物館展覽室裡去追尋了。

有渤海國護國寺之稱的現存興隆寺，其原址為唐代渤海國寺院址，始建於 1722 年，是為康熙 61 年，後經道光、咸豐時期部分殿宇毀於祝融，目前正重新整建，是黑龍江省保存下來的斗拱式建築中最古老、最完好的一處。

現在雖仍有留下一尊號稱百年的釋迦摩尼佛像、石燈塔和一顆老樹，卻讓我感受不到真正佛寺的氛圍。當黃昏時分來臨時，我們的旅程來到了黑龍江省東南端的東寧，夜宿在華宇酒店。

東寧縣地處中、俄、朝三角交界中心地帶，亦曾是大唐渤海國東寧率賓府治所在地，但可不能與臺灣在鄭經統治時期所號稱的「東寧王國」相混淆。東寧要塞是我們另一個重要參訪地。

東寧要塞係日軍為對抗中共與俄國的聯軍始建於 1933 年，解說員帶我們進入要塞基地，隨著解說員，順著地道彎

腰前行，簡陋不平的碎石路面，盡是溼答答，一不小心還容易滑倒，裡面獨立作戰的設備倒是非常齊全，有作戰指揮室、軍士兵房、廚房、餐廳、戰糧儲備的地方。

據說守在要塞裡的戰士，到日本天皇宣布戰敗，都還不知道要撤出。長期生活在潮濕陰暗地道的日子，我說：「打人的侵略者累，被打的受害者也累，戰爭真是何等殘酷，人民又是何等無辜！」

東寧還有以「東寧玉文化」聞名，只是東寧本身並不產玉，它不是來自俄羅斯，即來自其他各地，所以我沒買玉，卻買了秋天出產的黑木耳，準備回臺灣送給友人。

離開了東寧的購物廣場，我們進入了中、俄交界的綏芬河「國門」。從綏芬河交界即可清楚看到俄羅斯國境的守衛，和俄羅斯人的旅遊團進入中國境內。

在綏芬河市街就可以買到與俄羅斯有關的商品，綏芬河市檔案局的接待人員也非常貼心，預留 2 個小時的購物時段，我特別選購了俄羅斯娃娃品牌的巧克力，準備送給我的小外孫。晚餐和夜宿都在 Holiday 酒店。

清晨我醒來，拉開窗簾，眼見綠野青山，這時綏芬河晨曦已照射在這一大片的原野上，更顯得興趣盎然，而在正夏時分，坡上的叢林花木一動也不動，我真正享受了當前大地的寧靜，這與昨天清晨鏡泊湖面的幽靜比較，另是一番撫媚景色。

可惜美景總覺時光短暫，在用完早餐上車，我們的行程已不再往東南方向，而是必須開始折回向著哈爾濱市奔去。

回程中，路過海林的這個城市，據解說員的描述，海林

這片森林到了冬季是一片冰天雪地，鄰近的尚志市，就有「中國雪都」之稱，而亞布力滑雪區更是尚志市的重要觀光旅遊的景點，尤其是到了冬天，來到雪場，自由享受打雪仗、堆雪人的雪趣，也可以體驗滑雪帶來的速度感激情。區內的雅旺斯酒店 4 樓西餐廳正是尚志市檔案局為我們準備午宴的地點。

或許尚志市檔案局經常配合市委會辦理活動，對於接待賓客特別細緻與用心，當我們的座車一到，即見檔案局接待人員迎面而來，送上每人一分接待手冊，上面印有下午行程表的安排、來賓的餐位座次、尚志市簡介、天氣預報等內容，特別是送給我們每人一本由尚志市老區建設促進會、尚志市文學藝術界聯合會合編的《烽火歲月── 尚志革命鬥爭紀實》。

我從這書的〈序言〉才知道尚志市是中國大陸六個以英雄名字命名的城市之一，紀念趙尚志發動群眾積極抗日的精神，現在的尚志市除了趙尚志紀念館、趙尚志紀念園、尚志村，和尚志中小學之外，還有另一位紀念性人物趙一曼女士，在尚志市同樣享有崇高聲望。

尚志市檔案局人員特別從餐廳指向外面的滑雪坡道，只是現在是夏季未來目睹亞布力滑雪區在冰天雪地，舉辦國際滑雪比賽的盛況。既然已來到亞布力滑雪區，儘管不能有滑雪的活動，接待單位還是為我們安排了乘坐電動車上山一覽全景。

中途我們還特地下車，體驗走過橫越於兩座高峻嶺之間吊橋的感受，不禁令我聯想到臺北烏來碧潭的吊橋，和我在

幾十多年以前曾常於此探幽的往事。而突來的一陣雨，也正是我們電動車下山的時刻。我們一路趕回到哈爾濱的馬迭爾賓館。

最後一天的大清早，我們還特地參觀位在哈爾濱市阿城區的金上京博物館。阿城是具有近 900 年悠久歷史的古城，女真人在這裡建立了大金王朝，阿城有「女真肇興地、大金第一都」之稱。

在 11 世紀至 12 世紀中葉，女真本族文化吸收了漢族、契丹、渤海、高麗、西夏等文化而形成特有的金源文化。大金王朝興盛時期的疆域東到日本海、鄂霍次克海，北到外興安嶺；西以河套、陝西橫山、甘肅東部與西夏交界；西北到蒙古國；南以秦嶺、淮河同南宋接境。

當時的南宋、高麗、西夏等都是它的附屬國。它是與南宋對峙的統治中國北方的一個皇朝，在 1234 年(金天興 3 年)在蒙古和南宋的聯合進攻下被滅亡。

金上京博物館主要陳列其歷經 10 個皇帝，凡 120 年的歷史文物。大金王朝的生存與發展，讓我聯想到日前剛參訪過的渤海國，以及當前臺灣的處境與兩岸和平發展的關係。

我想多了解大金王朝的歷史文化，所以向館內解說員索取參考資料，但金上京博物館並沒有特別印發 DM。參觀後，黑龍江省檔案局送我聶磊孫主編的《千載風華金上京》，黃斌、劉厚生合著的《大金國史話》等二書，黑龍江檔案館對於檔案與文獻的蒐集的重視，從細微表現上著實令人感佩。

如果說這次的哈爾濱之行，硬要我找出遺憾的地方，就是未能實地參訪位在哈爾濱市西北邊，1942 年寫有《呼蘭河

傳》一書，是上世紀 30 年代著名左翼女作家蕭紅的八旗式故居。

中國東北的地理位置可以追蹤韓國最早期民族的遷移路線，朝鮮是屬於與蒙古族的同是烏斯一族。烏斯族沿著當今蒙古邊界，往東遷移到中國漢朝的遼東郡，開展了韓國朝鮮歷史的序幕。

慶州位於韓國東南部其文化發展可以追溯到西元前 57 年新羅在慶州的建國，和西元前 37 年高句麗的建國，以及西元前 18 年的百濟建國。當西元 676 年新羅統一高句麗、百濟之後，正式開始進入新羅時代。

但在新羅未統一三國之前的期間，所謂的「慶州三寶」就已經存在。「慶州三寶」指的就是芬皇寺塔、瞻星臺和皇龍寺九層塔，這三寶都是在善德女王年間的建物。芬皇寺塔為磚塔式，其在下層四面的仁王像以及四隅的石獅等，都是雄麗的雕刻；瞻星臺是東洋最古的天文臺，當時在臺上備有觀測儀器。皇龍寺九層塔則全毀於 1238 年的蒙古兵亂。

慶州的古都文化，特別是佛教促使新羅文化高度發展。佛國寺建於 535 年，亦經多次擴建規模，但後來遭遇多次火災的焚毀及重建，原佛國寺只保存下來石造部分，目前佛國寺的古蹟我們所能看到的建築為 1974 年大韓民國再度重建的。

慶州的另外一項歷史古蹟石窟庵是興建於西元 751 年，本為佛國寺的一部分。石窟庵的建物只有幾座散佈的小庵堂，最特別的是位於後山的一座人造石窟，內有一座高 3.26 米的釋迦牟尼佛像端坐在圓形的花崗石上。亦即位於佛

國寺東邊吐含山上的石窟庵，和佛國寺遙遙相對。

　　新羅文化發展到了西元 935 年的新羅王國歸順於高麗國，新羅的歷史一共延續了 992 年。在新羅文化發展的近千年歷史，主要中心是以慶州古都為區域的文化發展，後來因為高麗建國於西元 918 年，其政治經濟中心才轉移到高麗的定都開城，而開城則是位在今日的北韓境內。

　　尤其是 1392 年的朝鮮建國，韓國的政治經濟中心則又重新轉移到漢城，也就是今日的首爾(Seoul)。1910 年日本佔領朝鮮，至 1945 年韓國獨立建國，這 35 年的時間是被日本的殖民化統治。1950 年韓戰爆發導致 1953 年韓國以北緯 38 度為界，分裂成南、北韓。

　　慶州在新羅王國的將近一千年歷史，造就了其成為現在南韓最著名的古都地位，其歷史價值恍若中國的西安、日本的奈良。韓國之所以慶州為古都，主要是在慶州留下瞻星臺(天文臺)、佛國寺和石窟庵等古蹟而凸顯其具有古都的歷史地位和文化價值。

　　現在的慶州除了以瞻星臺、佛國寺、石窟庵的歷史文化聞名之外，慶洲博物館還收藏了不少新羅時代的古物，不愧享有古都文化的歷史地位。

　　慶州古都建物的瞻星臺、佛國寺和石窟庵比之於臺南熱蘭遮城、赤崁樓和億載金城，都要早大約 1 千年。慶州和臺南同時都深受中國文化的影響，臺灣在 1662 至 1683 年鄭成功統治臺灣時期，有了塑造漢文化的機會，但是時間不長，1683 年至 1895 年清朝統治臺灣，是一個滿、漢共治的局面，加上 1895 年後的日本殖民統治，一直到 1945 年臺灣由以漢

人為主體的國民政府統治。

　　因此，我們說臺灣是一個斷裂的歷史文化變遷，特別是經過荷蘭和日本的殖民統治，要能顯示城市的特別樣貌，也只有臺南保留下具有代表性的歷史文化特色。

　　韓國則在 14 世紀的 1392 年進入所謂的近世朝鮮時期，一直到 1910 年被日本殖民統治。亦即在現代初期全球化的 1500-1850，韓國是完整地屬於近世朝鮮時期，臺灣則是處在荷蘭、東寧和滿清的三個不同朝代。

　　或許這個緣故，現代的韓國我們可以很清楚地感受韓國的傳統衣飾、舞蹈和生活習性，當然有部分的建築還可以保存下來。而臺灣的特點是多元化的特性，尤其是明清時期在臺灣所形成以儒家為主體的漢文化。

　　進入工業化之後的臺灣與韓國，現代化城市的樣貌受到全球化和科技進步的影響，對於現代都市的樣貌就很難凸顯有何顯明的不同，這是當代形塑城市特色的悲哀。聯合國文教組織注意到全球化的結果，城市的同質性太高，因此，對於非物質文明遺產非常重視。

　　然而，城市樣貌的塑造，自古以來即受到政治力量的影響，近代工業革命的資本主義發展，市場機制的導向也是全球化城市美學的考量重點。文化、創意、產業的整合理論成為當代形塑城市美學的思考主軸。

　　因此，城市再生與文創產業結合的政見往往成為選戰造勢與城市創意行銷結合，亦即各種文宣品和活動的策劃亦可結合創意城市的概念，將城市空間設計與藝術結合，形塑一種特有的「民主選舉」風貌，也算是一種城市美學的藝術表

現吧！

2012 年 7 月 1 日南韓的「雙首都制」正式啟用，雖然南韓總統府、國會、國防部和外交通商部仍留在首爾(Seoul,據說因韓國人不滿漢城被譯指為是漢人居住的城市，今改名首爾)，但已有 36 個中央政府辦公室和 16 個國營機構的 13 萬公務員將陸續進駐世宗市。

世宗市預計 2030 年將發展成人口 50 萬的「綠色、創新、快樂」的城市。

世宗市位在首爾南邊的 120 公里處，「雙首都制」的目的除了在緩解首爾日趨嚴重的人口密集、交通擁擠、土地飆漲、環境汙染等問題，同時兼顧均衡城市的發展之外，對於北韓的軍事威脅，首爾的城市安全問題應該也是最主要的關心議題。

2013 年 2 月 19 日南韓總統李明博於主持其任內最後一次國務會議後，在青瓦臺春秋館發表告別演說指出，五年執政期間他的功過將交由歷史評價，但有一點很明確，那就是南韓已不再是邊緣小國了，而是世界的中心國家，而且今後還會向前發展。李明博的豪語顯然是南韓的城市競爭力和文化軟實力給了他很大的勇氣。

我曾參加臺北城市大學舉辦的「城市美學研習會」，個人覺得非常有意義；也曾閱讀《戰爭與分界：「總力戰」下臺灣‧韓國的主體重塑與文化政治》一書。該書是經「韓國臺灣比較文化研究會」推動，在其下分設「韓國研究小組」與「臺灣研究小組」，分別在韓國金艾琳(Kim, Yerim)與臺灣柳書琴召集人的努力，建構起韓國與臺灣的歷史置於同一

舞臺的研究，值得我們重視和學習的新途徑。

回溯 1980 年代初期我到南韓進修的時候，當時的南韓和臺灣的中華民國尚維持著正常外交關係。所以，我們稱呼現在的南韓為大韓民國，大韓民國則稱呼臺灣為中華民國，或簡稱「自由中國」，這在國名稱呼上凸顯大韓民國擁有北韓(今朝鮮)主權，相對地大韓民國承認在臺灣的中華民國主權及於大陸，雙方的往來也都顯得非常友善，並以「兄弟之邦」互稱。30 多年前的漢城和慶州都曾留下我海外學習階段美好的城市記憶。

大韓民國與中華民國斷交後的 1990 年代後期，當我再有機會拜會南韓的主要政黨和大學，只是中華民國與大韓民國之間的政經情勢已經變得很微妙，不論官方或民間都已不復當年的稱兄道弟，和冷戰時期一起在反共陣容裡的患難與共交情。國際關係的詭辯和講求現實主義的情境變化，不禁令人吁噓，也冷暖自知點滴在心頭。

近年來，我雖然有幾次獲邀前往韓國參訪，現在漢城(Seoul)的改名為首爾，顯示南韓這個國家的徹底「去漢化」，和「去中華文化化」心態，也正凸顯韓國政經社會都產生了很大的改變。但首爾、慶州等城市還是值得去訪查，再拾重遊舊地的回憶與記趣。

韓國和臺灣都曾經是日本的殖民地，追溯臺南之所以被稱古都，主要截至目前留存三大古蹟，就是安平古堡、赤崁樓，和億載金城最能夠凸顯其古都的歷史文化。

1624 年荷蘭人在占據臺灣之後，從名稱「大員」(Tayouan,今臺南安平)建起新的城堡，「大員」或寫成「颱員」、「臺

灣」，後來成為臺灣島的全稱。也就是在位於當時的一鯤身建造「奧倫治」(Orange)城堡，作為商業貿易的行政中心；三年後，改名為「熱蘭遮堡」(Fort Zeelandia)，或稱熱蘭遮城。

嗣因商務繁多，原址不敷使用，加上水源缺乏，行政中心乃遷往赤崁(Saccam)一帶，重建市街，1656 年建造「普洛文蒂亞」(Providentia, 神之攝理之意)城，這便是初期的赤崁城，或稱赤崁樓、紅毛樓。當時的城樓，背山面海，與熱蘭遮城互為犄角，控制臺江內海。

1661 年鄭成功攻取赤崁城，改赤崁為東都，並住在城樓內。荷蘭人投降後，鄭氏移居熱蘭遮城，將此地改名為安平，赤崁為承天府，熱蘭遮城也稱為「王城」或「臺灣城」，是臺灣最早的一座城池，從此開始臺灣城名出現。這個城堡有四個稜堡，頗為可觀，城堡外的棋盤式市街顯示出義大利文藝復興的影響。

熱蘭遮城日治時期，內城的荷式建築全毀，幾經屢次修建成為今日的紀念館，光復後改名為安平古堡，並成為一級古蹟和觀光勝地。目前紀念館旁邊殘存七十多公尺長的外城南面牆，老榕樹攀爬，紅磚斑駁，是 300 餘年來僅存的歷史遺跡。

1664 年明寧靜王朱術桂曾建府於赤崁城旁。鄭成功去世後，赤崁城成為火藥、軍械的貯存所。1684 年施琅將寧靜王故居改建為廟，祭祀媽祖，為今之臺南大天后宮。

1721 年（康熙 60 年）發生朱一貴事件，赤崁城樓遭到嚴重破壞，接著遭遇多次地震的破壞，城樓坍塌。1750 年（乾

隆 15 年）臺灣知縣盧鼎梅將縣署移建於赤崁樓右側，加以修護管理。1862 年赤崁城毀於地震，1875 年清政府於同一地點蓋了赤崁樓，和在城樓上建造大士殿。

清法戰爭期間(1882-1887)臺灣知縣沈受謙拆毀荷蘭時期的城墓建物，大士殿受波及。1886 年（光緒 12 年）沈受謙為推動漢化教育在赤崁樓北側設立蓬壺書院，將赤崁樓的樓基填平，並在高臺上建造文昌閣、五子祠及海神廟，形成赤崁樓具有呈現廟、院、閣、祠、殿等不同的特殊建築風格。

到了日治時期赤崁樓被充當日本陸軍衛戍病院，蓬壺書院也因地震多半倒塌，五子祠也因受到颱風的無情侵襲而損毀。1918 年（大正 7 年）殖民政府整修赤崁樓，並做為臺灣總督府國語學校臺南分校（今臺南大學前身）。1935 年（昭和 10 年）赤崁樓被指定為重要古蹟。1945 年第二次世界大戰後，赤崁樓曾被做為臺南市立歷史館使用。

赤崁樓就像一部活生生的建築演變史。從荷蘭式的城堡，經歷明鄭、清朝和日治政府的數代改變，而為中式建築的輪廓。赤崁樓更從諸廟雜陳到雙棲並立；從填平城基，到碑林佇立，真是歷盡滄桑。國民政府來臺後，經過幾經整修，將原有的木造結構，改為鋼筋混泥土，將主要入口由西改為南向，並於 1982 年被列為國家的一級古蹟。

檢視熱蘭遮城和普洛文蒂亞城的古蹟建物，都是具有西洋風格的城堡建築，在樣貌上顯然與中國的城樓建築不一樣。中國的城池特點是包括市街，而西洋式的城堡與日本近似，市街在城堡外。

臺南古都的另一歷史建物億載金城，可以追溯到 1874(同

治 13)年是由清大臣沈保禎所建。當時興建億載金城的主要目的在對抗因牡丹社事件犯臺的日本軍隊，以鞏固臺灣的安平海防。億載金城共佔地三公頃，整個城區由城垣及護城河所圍繞，穿越紅磚圓拱門之後，城內綠草如茵。

建築材料主要購自廈門、泉州等地。億載金城的西式砲臺主要由英國、德國的砲、美國的步槍組成，也是第一座配備「阿姆斯壯大砲」的砲臺。億載金城古稱「二鯤鯓砲臺」，二鯤身即是昔日羅列在臺江西岸的沙洲島名，當時安平古堡位於一鯤身，億載金城則是位在二鯤身。

億載金城經過歷代的破壞或修復，目前可以辨認的有引橋、護城濠、城門、操練場、大砲、小砲稜堡、扶壁等。正門入口是紅磚砌造的矩形城門，中央用圓拱形的隧道式城門洞連通砲臺內。門外以木橋跨越護城壕，木橋靠城門的一段，用懸吊式橋板，平時供補給通行使用，遇有狀況，只要將橋板昇起，便能遲滯敵人。可惜木橋結構，年久失修，日治時期毀壞，改為鋼筋混凝土橋，沿用至今。

1895 年臺灣割讓給日本，當時曾利用億載金城的大砲轟擊窺伺安平的日本艦隊。1905 年日俄戰爭爆發，殖民政府為支應經費，變賣億載金城大砲，導致億載金城失去軍事和歷史文化的價值。

1975 年億載金城建城一百週年，臺南市政府訂為觀光年，修復億載金城，帶動各項文化觀光產業。1983 年億載金城經內政部公告指定為一級古蹟，更加肯定億載金城在臺灣歷史的地位和古都的文化價值。

展望未來臺南府城的發展，也可變成國際影城，亦如臺

北市政府有意將北投復興崗中央電影製片廠，規劃為北投影視音產業園區的議題。臺南市政府曾構想在國際大導演李安的大力促成之下，以及臺糖公司配合沙崙農場廣達 951 公頃土地的提供運用，臺南可能誕生一座國際影城。

臺灣地理環境豐富，還有豐沛的影視人才，適合吸引國際影視製作計畫來拍攝，中央希望能打造以全臺灣為一個範疇的影視產製服務生態系，將臺灣建構一套完成從前置、拍攝到後製的「一站式」作業，讓臺灣各地組成一個「臺灣隊」，進軍國際市場。

臺南古都當然也可以變成好萊塢，臺南府城當然也可以變成國際影城，但是如果我們準備要進軍國際影視產業的「臺灣隊」，除了在其規模與質量上要與跨國影視業匹比之外，例如當今魏德聖導演籌資拍攝《臺灣三部曲》的影片，如果我們又能有效地掌握臺灣優勢，凸顯臺灣特色的影視業來搶佔華人市場，進而可以與韓國影視文創產業一樣在國際上擁有一席之地。(2020.10.25 審修)

日本箱根、富士山與臺南關仔嶺
的溫泉故鄉

　　我是在 2011 年 1 月 19 日至 23 參加日本 Hospitalitybank 研究所和中華中小企業研究發展學會、龍華科技大學管理學院在日本箱根共同舉辦的「Hospitalitybank 研討會」。

　　研討會的活動是安排在日本著名的伊豆半島，也是溫泉度假的好地方──箱根。第一次知道日本的伊豆半島是從成名作《伊豆的舞娘》，時間大約是在 1970 年川端康成來臺灣訪問所掀起的諾貝爾文學熱。

　　川端是 1968 年諾貝爾文學獎的得主，也是繼印度詩人泰戈爾得獎後的亞洲第一人。當時的我自認是一位「文藝青年」，到現在我還保存著我在 1972 年 4 月 1 日購於新莊輔仁大學校門口對面的新葉書局，是早稻田出身的余阿勳所寫的《日本文壇散記》，裡面蒐錄有〈川端康成訪問紀〉、〈川端康成訪臺前一夕談〉、〈伊豆文學的散步〉，內容都與我這次的參訪有關，我內心充滿期待這趟的「東瀛取經之旅」。

　　19 日上午，我們一行人從臺北松山機場搭 9 點 15 分的班機直飛東京羽田機場，已經是過了中午時刻，午餐是在機上享用；出了羽田機場大約下午 2 點，我們改搭主辦單位安排的旅遊巴士，途中參觀小田原城，感受 16 世紀北條氏先後

與上杉謙信、武田信玄的關係，直到 1590 年北條氏為豐臣秀吉所滅，最後該城成為德川家康家臣大久保忠世的駐城。

我們在小田原城的停留時間較久，到了熱海已是傍晚，是夜在海濤聲浪中渡過難忘又美好的一夜。隔日我一大早起來觀賞熱海的日出，在用過簡單的早點之後，從熱海出發，途經熱海梅園，參觀梅花祭、澤田政廣紀念美術館、中山晉平紀念館和韓國庭園，中午抵達目的地箱根。在用過簡單的餐點之後，下午即開始進行「Hospitalitybank(客製型服務)研討會」。

主持人是 Hospitalitybank 研究所代表浦鄉義郎(Yoshirou Uragou)和中華中小企業研究發展學會理事長蕭勝彥，也是晶越科技股份公司董事長。主講人是浦鄉教授。山上的箱根之夜，是一片寧靜，我和正在撰寫博士論文的兒子，一起到公共澡堂泡溫泉，真是人生一大享受，一夜好眠。

21 日上午主講人除了浦鄉教授外，還有 Hospitalitybank 研究所的松尾信子(Nobuko Matsuo) 研究員。下午的論壇是臺灣學者的報告和研討，六點鐘結束，大家回房換裝日本和服，拍照和享用正宗日本料理。我實在難忘昨天夜裡的泡澡樂趣，尤其想到明天一早即將離開這裡，我當然要把握最後一晚的泡洗溫泉。

22 日上午我們從箱根出發，先步行造訪箱根神社，再搭元箱根港與桃源臺港之間的海賊船，繞著富士山麓的蘆之湖，湖光山色比美臺灣日月潭；中午在距今 40 萬年前的火山大涌谷一面用餐，一面遠眺著被白雪覆蓋的日本聖山──富士山；下午啟程後在談合坂略作休息，趕到新宿已是落日時

分,終於體驗東京冬天夜裡的街上,我在地鐵車站和伊勢丹、京王百貨公司附近走了走,在書店買了《龍馬傳》,和若林正丈編的《矢內原忠雄「帝國主義下的臺灣」精讀》等書。

當 2010 年 11 月《龍馬傳》在臺灣電視播放正夯時,據傳還有「哈日族」成立「臺灣龍馬會」,敦請前總統李登輝擔任名譽會長,來推廣維新時期的「龍馬精神」。

因為,坂本龍馬是幕府末期的維新人物,和三菱財團的創辦人岩崎彌太郎同是出身於土佐藩(今四國高知縣)。當年坂本龍馬創立海援隊地點就是幕末對外開港的長崎,而其好友岩崎彌太郎的三菱蒸汽船也曾接受政府的委托,負責運送軍事物資到臺灣而致富。

對照這時期臺灣的對外開港歷史,就東亞國家而言都是陷入在西方帝國主義的侵略漩渦之中,可是日本明治維新成功了,臺灣劉銘傳的近代化運動卻失敗收場,更可悲的是臺灣還在 1895 年淪為日本帝國主義的殖民地。因而,矢內原忠雄取代坂本龍馬和岩崎彌太郎成為我研究的對象。

我開始認識矢內原忠雄是緣起於他所寫的《帝國主義下的臺灣》。因為,我撰寫《臺灣治安史》的其中一章節就是日本統治臺灣時期的治安。我在 2004 年 5 月中央警察大學通識中心舉辦的研討會中,就曾經發表過一篇〈臺灣殖民化經濟警察角色演變之研究(1895-1945)〉,其中就提到矢內原忠雄所指出日本殖民主義是「早熟的帝國主義」觀點。

這是我這次到日本為什麼會特別購買若林正丈編的《矢內原忠雄「帝國主義下的臺灣」精讀》的原因。2011 年 3 月我在臺灣閱讀了李明峻翻譯矢內原伊作所寫他父親的《矢內

原忠雄傳》之後，我對這位曾在東京帝國大學講授「殖民政策」，因到臺灣考察而揭露日本政府對臺灣實施嚴厲的殖民統治，以及諷諫日本侵略中國不當，而導致其放棄東京帝國大學的教職。

然而，戰後因東京大學的反省戰前政府所犯下的錯誤，重新聘請矢內原忠雄回校任教，於 1951 年至 1957 年期間榮任該校校長，我對其在經歷、學術成就和個人行事風格上有了更深層的了解與敬佩。

23 日早上我們從新宿到羽田，浦鄉和松尾的熱忱接待，充分發揮 Hospitality 的客製型服務精神，我不知道何時才能有機會再聽到浦鄉和松尾的精采講演。

在回程的飛機上，我拿出浦鄉簽名的《Hospitality 與零距離行銷》看了入神，很快就聽到空服員的廣播，飛機即將降落桃園機場，請繫好安全帶，不要忘記自己攜帶的行李，這時的我才收起書本。

步出飛機場，我想起了梁啟超〈游箱根浴溫泉作〉的詩：「十年春明夢，猶未識湯山，身世餘憂患，寥天獨往返。陽阿晞短髮，神漢駐華顏，忽起觚棱思，鄉心到玉關。」

對於溫泉的記述，唐朝白居易寫〈長恨歌〉描寫楊貴妃泡溫泉與出沐浴的情節：「春寒賜浴華清池，溫泉水滑洗凝脂，侍兒扶起嬌無力，始是新承恩澤時。雲鬢花顏金步搖，芙蓉帳暖度春宵。春宵苦短日高起，從此君王不早朝。」

唐朝還有李白對溫泉的描述：「神女歿幽境，湯池流大川。陰陽結炎炭，造化開靈泉。地底爍朱火，沙傍歊素煙。沸珠躍明月，皎鏡函空天。」尤其宋朝蘇東坡對溫泉有「新

浴覺身輕，新沐感發稀」、「湯泉吐艷鏡光開，白水飛虹帶雨來」、「溫泉水滑洗凝脂，皓首沐浴回常春」的淋漓盡致描述。

　　川端康成故鄉的熱海箱根溫泉，和梁啟超〈游箱根浴溫泉作〉的詩，以及中國古詩人白居易、李白、蘇東坡寫的溫泉詩，讓我聯想起我喜愛的臺南老家附近，而且馳名中外的關仔嶺溫泉故鄉，和晚年來關子嶺定居的「笠園主人」陳秀喜，她詩〈關仔嶺夜雨〉的描述關子嶺生態遭受破壞的景象，以及嘉義詩人蔡漁笙〈秋日關仔嶺溫泉〉的「俗塵滌盡溫泉滑，仙氣飄飄兩腋輕」的關子嶺溫泉特色來。

　　更有臺南鄉賢吳晉淮譜曲，和許正照作詞、江蕙唱的〈關子嶺之戀〉：

　　　　嶺頂春風吹微微／滿山花開正當時
　　　　蝴蝶多情飛相隨／阿娘呀對阮有情意
　　　　啊～正好春遊碧雲寺
　　　　嶺頂風光滿人意／清風吹來笑微微
　　　　百花齊開真正美／阿娘呀對阮有情意
　　　　啊～遊山玩水爬山嶺
　　　　嶺頂無雲天清清／山間花開樹葉青
　　　　可愛小鳥吟歌詩／阿娘呀對阮有情意
　　　　啊～雙人相隨永不離

　　這時關子嶺頂的碧雲寺興建經過與東山鄉紳邱秋貴家族逸事，又再度浮上我心頭。(2020.12.17 審修)

福州、漳州、泉州與府城開元寺
的文化記述

我到福建的福州是在 2008 年，由於當時兩岸尚未開放直航，我們只能選擇搭乘國泰班機過境香港轉搭中國東方班機抵達福州長樂機場到閩江學院。

閩江學院是 2002 年由原福州師範高等專科學校和原閩江職業大學合併組建的新辦大學。我們在完成報到手續之後住進該校新落成的「國際學術交流中心」。經過兩天的研討會結束後，展開的活動是參觀福州港馬尾的船政文化，以及鼓山湧泉寺。

福州素有著名的國家級歷史文化名城，現在已成為中國大陸沿海對外開放的主要城市之一。福州是福建省省會，清治統轄臺灣時期的福建總督官府即設於此，如我們閱讀《福建臺灣府志》等書。

福州這城市稱得上有水有山，閩江穿越其間，形成特有的于山和烏山兩座小山丘。福州又位居閩江的出海口，自然是清朝南洋艦隊的大本營，馬尾港更是訓練水師的據點，現在該處還特別雕塑坐姿的林則徐和隨侍在側立姿的沈葆楨，主持過「虎門煙硝」的林則徐似乎是在對沈葆楨耳提面命有關船政對國家發展的重要性。

　　可惜沒有機會探訪位於黃巷內的小黃樓藏書、位在三坊七巷的沈葆楨故居、位於楊橋巷的林覺民故居,和思想家、翻譯家的嚴復故居,以及曾經在臺灣大學擔任政治學教授薩孟武的族長薩鎮冰,其在擔任福建省長期間,乃至於 1952 年在福州過世。這讓我對於薩孟武的家學淵源,和政治學領域的學術地位更加敬佩。

　　福州城市東郊的鼓山,位在海拔 969 米、面積 1890 公頃,聳立在閩江北岸,因頂峰有一巨石如鼓,每當風雨交加,便有簸蕩之聲,故名「鼓山」。西晉尚書郎郭璞在《遷城記》中就有「左旗(山)右鼓(山),全閩二絕」之讚。

　　如果說三坊七巷是往昔福州達官貴人匯聚之處,上下杭就是舊時的金融商務區。上下杭一帶是閩江流域,「杭」與「航」古語相通,因潮水對於航船十分重要,漲潮時走上痕,為上航;退潮時走下痕,為下航。到明朝時期為木材、茶葉、紙張、茹筍等重要商品的集散地,也是傳承福州閩都文化的重要區域。

　　福州街上舉目望去盡是榕樹和芒果樹,福州遂有「榕城」之稱,而芒果樹景色則讓我彷彿置身走在 1950、60 年代臺灣的鄉間小徑,恍然醒悟 2、3 百年前我的祖先從福建移住臺灣時,一定順帶了榕樹和芒果樹的種子,在臺南府城種植、生根和成長。

　　這次的福州之行,我沒有隨團繼續往武夷山前去,也就失去回到我的祖籍安溪縣尋根、祭祖和祭拜清水祖師爺的機會。特別想要去祭拜清水祖師爺,主要是因為我家先祖的信仰之外,由於我出生在臺南縣後壁鄉的安溪寮庄,我們安溪

寮庄分為頂安里、長安里、福安里等三個里。當地居民的祖
先應該大部分是來自福建泉州府的安溪縣。

　　雖然泉州府安溪縣以盛產茶葉聞名，但是我從出生到高
中求學階段所居住的安溪寮庄，因為位在嘉南大平原，受到
地形和氣候因素的影響，主要是靠種植稻米、蕃薯、甘蔗為
主，乃至於受惠嘉南大圳灌溉而整年有三季的稻穀收成，並
不像光緒年間移自安溪縣來到臺北市南港區的鄉民，以種植
茶業為生，是包種茶的故鄉。

　　3 年後的 2011 年 7 月，我有了第一次的漳州之行。我最
先參訪近郊的三平寺。該寺供奉楊義中祖師爺，也稱三平或
廣濟祖師爺，左(綠)二尊為虎侍者、右(紅)二尊為蛇侍者。另
左側祭拜金身地藏王。

　　參觀「漳臺族譜對接成果展」，是在漳州市薌城區迎賓
大道旁的博物館展出，該館佔地有 10 畝之大，建築面積達
4,600 多平方米，館藏文物與標本一萬多件。溯自明清以來
漳州向臺灣移民共有 104 姓，而臺灣的大陸移民中，福建人
占 83.5%，其中漳州籍占 35.08%。

　　鄰近的「漳州明清歷史街區」內有明代石牌坊和漳州文
廟被列入重點文物保護，我們還特地參訪了臺灣徐氏的祖厝
徐厝巷。街區的騎樓式店面是典型閩南風格民居的中西合璧
式建築，沿街老字號大小店鋪招牌、賣的民俗用品、擺設的
傳統小吃，讓我們彷彿置身在臺北大稻埕和臺南的古老街上。

　　何謂「閩南」？第一，以地理定位：在福建(簡稱閩)之
南，以漳、泉為主。第二，以閩南話定位：除了漳、泉、廈
門之外，包括臺灣、海南島、南洋等地。第三，以地域性文

化定位：以福建南部形成、成長、擴展而成，海洋性特別強，有別於閩北的山林文化、蒲田的文獻之邦、閩東的少數民族畬族。

「閩」屬於南蠻，該地蛇特別多，以蛇為圖騰，屬百越族，越國句踐以劍為名，福州又稱冶城。

閩南文化四大特點：第一，文化包容性，多元文化雜揉一起，從中原文化、中州文化，經閩南文化再傳形塑臺灣文化，具非佛、非道、非儒、非巫特色。第二，聚族而居，從家庭經家族在擴大成宗族組織，比較易於保存文化，和文化傳承。第三，海洋文化為載體，有別於蒙古的草原文化、寧夏的沙漠文化，出洋經商，傳播文化。第四，傳承有序，有家族性、宗族性的私密性，祖傳秘方的觀念很重，凸顯在民間傳說、民間諺語、民間戲曲等公共資源方面。

漳州還以木偶、剪紙藝術聞名。木偶與剪紙的鑑賞和學習讓人聯想臺灣的布袋戲團的盛行，臺南與漳州的民俗文化單位似乎可以成立閩南文化創意產業的研究單位，來加強和推廣兩岸閩南文化的交流。

位在龍海市角美鎮白礁村的慈濟宮，有「世界第一慈濟祖宮」之稱，是保生大帝的最早古廟，更是漳州最大的宗教場所，臺灣主祭保生大帝的大龍峒保安宮應是源自於此。

之後，我們再前往漳州師院（現已升格為閩南師範大學）逸夫樓圖書館聽鄭鏞教授的演講〈閩南民間信仰習俗的形成與影響〉，承他贈送大作《閩南民間諸神探尋》，以及參訪該校閩臺研究所，和獲邀參加「第二屆漳州海商論壇」。

我們也到漳州薌城區，參觀心儀已久的林語堂紀念館，

館的位置特別設計建築在一大片的香蕉林中，前面廣場雕塑
一座林語堂戴有一副眼鏡優遊的坐姿雕像，真情的凸顯這位
幽默大師的平易近人性格，似乎在告訴我們這群來自他曾經
落腳臺灣陽明山的舊友。

　　參訪南山禪寺之後，前往位在華安縣的世遺土樓「二宜
樓」，名字源自「宜家宜室」、「宜山宜水」，在土樓群中
最具規模，是客家族人蔣士熊從河北、河南之地避禍來此所
建，素有「土樓之王」的美譽。

　　隔日又參觀歷史較傳統，規模較小的「南靖土樓」，其
名字源自「南方之淨」，是「厝包樓、樓包厝」的特殊結構
建築。土樓被發現是在 1980 年代美國雷根總統執政時期，當
時美國透過人造衛星發現福建西南方可能建有核子基地，後
來證明是古民族生活在此。

　　我們參訪泉州廈門的行程，先從漳州前往鼓浪嶼，島上
崗巒疊起，盛林茂密、古木參天，保留下許多富含歐洲風味
的特別建築。站在島上的巨岩上可觀賞廈門市景，鼓浪嶼有
「富豪之島」和世界之冠的「鋼琴之島」的稱號，我特地買
了鷺江出版的《講鼓—SO 鼓浪嶼》，和洪明章寫的《百年
鼓浪嶼》，對照踏查資料的佐證之用。

　　我們參訪「林語堂故居」，該建築始建於 1850 年代，
是外廊殖民地式的洋人住宅，後為廖氏兄弟購買，著名文學
家林語堂與廖家二女兒廖翠鳳結為伉儷，婚禮就在該建築正
廳舉行，該建築與當時同屬廖氏兄弟的漳州路 48 號共同圍合
出院落，院落當中立有林語堂題寫的「立人齋」石碑一座。

　　「林氏府八角樓」是臺灣板橋林家於 1895 年臺灣被割

讓給日本時，由林家子孫林維源率族人內渡廈門後，於 1915
年在此興蓋，因其樓身平面呈八角形而得名。「菽園花園」
則由林爾嘉先後於 1913、1933 年進行修復擴建，係仿造故居
板橋林家花園樣式而建的私人花園，「菽園花園」有「稻菽
主人莊園」之意。

「林祖密故居」則是臺灣臺中霧峰林家後人林朝棟，亦
是在日本侵佔臺灣之後舉家內遷，定居鼓浪嶼之後所特別設
計建築的住處。這裡也曾是孫中山領導中華革命黨，和後來
建立閩南軍的地方，現在已被改成對外營業性質的一家觀光
酒店。

鼓浪嶼還有另一特色就是全島嶼是完全無車行駛的步
行島嶼。可惜時間關係，我們只能遠眺島上所雕塑的鄭成功
巨大石像，而未能前往實地的近處參觀，也算是這次踏查的
小遺憾。

我們搭船回到廈門島，經環島路，解說員指著現在廈門
大學大操場解釋當年此處正是鄭成功的練兵地點，旁邊道路
就名為「演武路」。這次的踏查廈門大學，這是繼我在 2010
年 1 月 27 日來訪過的再一次踏查，我們繞了校園，也參觀了
當年林語堂、沈兼士、魯迅等人曾共同參與的國學院。

廈門大學、集美大學與南洋華僑陳嘉庚的關係至深，陳
嘉庚在投資事業有成之後，對故鄉的傾資辦學，在教育事業
上有傑出貢獻。「陳嘉庚故居」至今仍保留當年他生活簡樸
的模樣。

我們登上坡走訪緊鄰在旁的南普陀山，正門寫著「大心
量比五峰高/廣廈島連滄海闊」，進了大悲殿迎面來的是「妙

音海潮音勝彼世間音/真觀清靜觀廣大智慧觀」。

另一重要的行程，就是參觀泉州的開元寺，始稱蓮花寺，黃守公獻地興蓋。寺內殿閣壇塔，是我國佛教建築中絕無僅有的裝飾紫雲大殿前的「東西塔」，東塔名「鎮國塔」，西塔名「仁壽塔」，雙塔經長期風雨侵襲仍不傾斜變形。

1604 年泉州大地震時，該塔未遭受傷損，充分表現了宋代石構建築的特有風格。以後嗣經 1637 年鄭芝龍重建開元寺，乃保有現在規模與香火。閩南大學問家朱熹曾言：「此地古稱佛國，滿街都是聖人。」

泉州開元寺讓我們很容易聯想到臺南開元寺，又稱「北園別館」，最早建於西元 1680 年，在 1690 年改建寺廟，是臺灣最早創立的官方寺院。追溯開元寺的前身，是延平郡王鄭經為奉養母親董太妃而建，同時也是「監國鄭克臧」遭遇東寧之變的歷史現場。

開元寺原叫「海會寺」，就位於柴頭港溪匯入臺江內海的附近，可直通臺江，搭船可達安平港。記得臺南開元寺有聯：「開化十方/ 壹瓶壹缽，元機參透/ 無我無人」。這副聯左右以寺名的起首字，非常具有歷史文化的意涵，真可以比美於泉州開元寺。

泉州與臺南開元寺，讓我憶起我在唸後壁中學初中一年級的時候，級任導師帶著我們班上一群同學上白河碧雲寺旅遊的往事，那是我初次與碧雲寺的結緣，這對於當時念國民小學期間很少有機會參加學校舉行遠足活動的我而言，那是何等令人難以想像和興奮的一件大事。

白河碧雲寺是引領我接觸佛法的開始，了解其第一代開

山祖師釋應祥，是在清康熙 40 年（1701 年），由福建泉州開元寺奉請一尊觀音佛祖聖像，渡海來臺迄今。碧雲寺的磨石藝術已是現在臺灣現存的珍寶，非常難得。該寺並於民國 86 年（1997 年）由內政部評定為三級古蹟。

　　白河大仙寺和碧雲寺對於生長在安溪寮附近的居民來說，是絕對不會陌生的。碧雲寺就位於枕頭山山腰，古色古香，高處觀世音菩薩法像，楊柳與淨瓶，慈悲的俯瞰山下芸芸眾生。上有水火同源，下有大仙寺古剎，構成一條很特殊的風景線。

　　泉州「閩臺緣博物館」則是一座因應兩岸開放交流以來的建物展覽館，我從館內販賣部買了《閩臺緣》一書，是 2009 年 7 月由中國閩臺緣博物館負責編著，福建人民出版社發行，專門介紹兩岸文化交流。

　　這趟的漳州之行，我買了不少書，而主辦單位特別贈送由廈門大學知名教授陳支平、徐泓主編的《閩南文化百科全書》，則不失為一部值得攜帶回臺的參考工具用書，書的重量，對於一位從事教書與研究的工作者而言，總是比較不會受到抱怨的。

　　我的第二次有機會再訪漳州，緣起於福建師範大學陳慶元教授出版的《東吳手記》，陳教授曾來臺擔任東吳大學客座教授整整一個學期。在臺期間，他將這段期間的所思、所見、所聞發抒於文字，匯集成《東吳手記》；陳教授亦將其指導多位學生的論文經過，彙集成《慶元序跋》，以上二書均交給臺北蘭臺出版，不但內容豐富，字句精鍊，也頗多見地和文創意義。

　　2012 年 8 月的暑假，我因為校對《臺灣治安史研究──警察與政經體制關係的演變》到位在重慶南路的蘭臺出版社，承蒙盧社長贈書，除驚訝於書的設計裝訂精美，和創意的書名所吸引之外，其中有篇〈王國良教授福州訪書始末〉更讓我有不能不繼續往下看的理由。

　　王國良教授是我臺南市後壁區安溪寮(村)的小同鄉，也是我嘉義中學的學長，我們早就認識，我也知道他在臺灣師範大學拿到中文博士學位之後就在東吳大學任教，我在瀏覽這篇內容之後，得悉王教授已離開東吳大學中文系轉任臺北大學民俗與文獻學研究所擔任所長。既然有這段關係，盧社長就建議安排大家見面。

　　9 月間陳教授如期來臺參加會議，我們四人就在重慶南路上的出版社附近餐廳聚會。席間，陳教授邀請我參加 11 月間將由漳州師範學院閩南文化研究院(由原本的閩臺研究所升格)舉辦的「2012 閩南跨文化學術研討會」。

　　這次在漳州由於主辦單位安排行程停留的時間只有三天，我與來自臺灣的成大教授陳益源等學者被安排住進漳州賓館。研討會第一場臺灣學者主要有汪榮祖的〈閩南生態環境與鄭成功的復明活動〉、謝國興的〈失節事小 餓死事大：閩臺族譜所見婦女守節問題〉、黃麗生的〈跨文化下的閩南先賢與臺灣儒學傳統：以洪棄生的歷史意識為中心〉。

　　第二場論文發表會除了我發表〈閩南文化傳播與臺灣發展文化創意產業〉，還有林美容〈福建與臺灣魔神仔傳說與故事的比較研究〉、林登順〈從寧靖王回臺南官邸──論臺灣移民之在地信仰〉、卞鳳奎〈日據時期洪以南對臺灣傳統

文學之影響〉。

　　大會閉幕式，由廈門大學教授陳支平、漳州師院閩南文化研究院院長鄧文金作研討會學術總結，強調閩南文化與交流的重要性，更希望將來有更多的兩岸學者投入研究。
(2020.09.25 審修)

第三部分　拙耕園話滄桑

拙耕園的緣起

　　我查閱 1990 年 8 月國立中央圖書館臺灣分館編印的《臺灣文獻書目解題》，而在其編輯的第一種方志(六)，介紹了〈後壁鄉志〉和該文後附的〈安溪寮地沿記〉。

　　上述文字記述了安溪寮地區的民情物產，貼切地描述了我們陳家先祖在安溪寮定居下來的生活情景。父親生前唯一工作的單位就是緊鄰在家附近的烏樹林糖廠，母親則終其一生身為自家的農地下田幹活，我們家庭是最典型安溪寮鄉下人的工作與生活寫照。

　　我 1951 年出生在臺南縣的後壁鄉，老家自大清國以來的土名就叫「安溪寮庄」，下分有頂安(頂寮)、長安(中寮)、福安(下寮)等三個小村落，如果要更精確的指出今日地名，應稱之為臺南市後壁區頂安里，但大家還是習慣用閩南語的土名稱之為「頂寮」。

　　我孩提時代完全是在「頂寮」的老家成長，在那段曚然不懂事的年紀，直到 16 歲我念了高中那年，才離家遠赴外地求學。20 歲北上念大學以後更一直漂泊異地的工作、成家、出國進修與生活，但我對青少年時期在鄉間的景象始終難以忘懷，於是我才會將先祖自家埕園的生活天地稱為「拙耕園」。

　　「拙耕園」之名是我取自陶淵明有詩〈歸園田居〉的「開荒南野際，守拙歸園田」的意涵。尤其「拙耕」最符合自己

的笨拙於農事、學習與書寫，然而慶幸自己還能擁有一塊耕耘的園地，可以讓自己獨自享有成長與學習樂趣的地方，滿足自己嚮往和模仿臺灣史上稱四大家族之一的板橋林家花園的一份虛榮。

我在「拙耕園」祖厝的早期房間一角落，我就選擇借用了古人習慣雅稱的它為「安溪書齋」，自比喻有如中國圖書館學前輩梁啟超的「飲冰室」，和盛宣懷的「愚齋」、徐乃昌的「積學齋」、王克敏的「知悔齋」等藏書家，羨慕他們能坐擁書城的嗜書如命。

「安溪」二字除了有代表我先祖可能來自臺灣海峽對岸福建安溪縣的遙遠他鄉地之外，「安溪書齋」成為我年少時期讀書、看書、買書、藏書的心靈深處和胡思夢想的秘境。

我出生農家，成長過程最平凡不過了，沒有值得炫誇的偉大人物事蹟與擁有腰纏萬貫財富，也沒有驚濤海浪與奇特遭遇的精采故事。我生命中成長軌跡是從最小角落的「安溪書齋」，走出了這簡陋小書房；我經過屋前埕園的「拙耕園」綠地；再跨出穿越「下茄苳堡」與「臺南府城」的城堡；然後，我振翼飛翔在一眼望去盡是廣袤的「稻浪嘉南平原」。

小時候，我總以為到不了的才是遠方；長大後，我才明白回不去的都是故鄉。如今在我的年紀增長之後，對於自己有過生活的「小地方」，記述了我這段追求知識的漫遊人生旅程，儘管我不是成為某領域中的一位什麼「大師」，但我回味和深處感受到青少年時期獨自在「拙耕園」與「安溪書齋」的成長過程，享有那一段屬於自己愛作夢的無憂無慮歲月。(2020.10.26)

陳氏先祖考證

我們陳家先祖的來臺發展歷程，最早原籍有可能是之前先住過中國河南，到了西元七、八世紀唐朝的隨著開漳聖王陳元光到了福建，居住在泉州府安溪縣，並可能於 1662 年加入福建鄭成功軍團的來臺，趕走當時盤據大員的荷蘭人之後，在鄭氏東寧政府的實施屯田政策之下，落居於新營、後壁一帶的從事於農地的開發與經營。

我們陳家比較有資料可考的，是在 18 世紀與 19 世紀之交的嘉慶年間(1796-1820)，傳到了我家先祖陳政、陳誥、陳投之後，開始定居在當時隸屬鹽水港廳下茄苳南堡安溪寮庄的土名頂寮這地方。

文獻記載中的下茄苳堡，不分南堡、北堡都是一個有文化歷史、人傑地靈的好地方。這時間正與我們安溪寮福安寺供奉主神清水祖師於 1765 年(清乾隆 30 年)來臺，至今已逾 255 年以上之久的時間非常接近。

安溪寮地區的農作物耕種是依賴源由急水溪上游的白水溪分流，史上記載 1699 年(康熙 38 年)庄民合築安溪陂的水源，從事闢土耕作和生活作息的一代一代傳承下來。

然而，在大清帝國統治的年代，光是在下茄苳堡地區就先後歷經 1696 年(康熙 35 年)吳球、1701 年(康熙 40 年)劉却、1721 年(康熙 60 年)朱一貴、1767 年(乾隆 33 年)黃教、1836

年(道光 16 年)張丙、1840 年(道光 20 年)沈知、1853 年(咸豐
3 年)賴鬃、1862 年(同治元年)戴潮春，以及 1875 年(光緒元
年)吳志高等影響社會安定的歷史重大事件。

回溯先祖在物質上安居樂業年代，和追求精神上安身立
命年代，他們在下茄苳堡安溪寮這小地方先後也遭逢許多社
會動盪的事件，儘管在那極為艱困的物質貧乏的年代，他們
依然靠著樂天知命的努力，和無怨無悔的毅力，過著純樸農
村生活勇敢承載這接連不斷的衝擊。

我們陳家到了高祖陳祥這一代，高祖生於清道光 7 年
(1827 年)的時候，適逢店仔口(現今白河區)發生張丙等人私
自集購稻米違法交易事件。更在張丙事件之後，安溪寮庄又
不幸遭遇沈知集團的焚劫，嗣經政府的派兵才得以平息。

高祖對傳統醫學的漢藥方面有研究，也在村裡做過類如
行醫濟世的行業。高祖娶王氏三貴為妻，在 34 歲時生我曾祖
父陳水連。這年正是 1860 年(清咸豐 10 年)臺灣被迫開放雞
籠、滬尾、打狗，也包括了安平港，我們村裡遭逢「戴潮春
事件」，和白河地區大地震。在這一個多月的動亂期間，下
茄苳堡安溪寮一帶也遭遇到社會劫難的損失。

從張丙、沈知，再到戴潮春事件的發生，在這 20 多年
間的發生三件重大治安問題，再加上適逢地震災害，我們陳
家生計都無可避免的遭遇重大打擊。

1895 年臺灣割讓給日本，明治天皇派遣由北白川宮能久
親王率領的軍隊，從北南下掃蕩武裝抗日。能久親王攻陷嘉
義，前往臺南府城的途中，在安溪寮遭到臺灣人的刺殺，據
曾服務於安溪國民學校林銘基老師的考證，現在的長安里芙

蓉埤附近，有可能是當年能久親王養病的處所。

　　日治時期改為臺南州新營郡後壁庄安溪寮頂寮；臺灣光復後，再改為臺南縣後壁鄉頂安村；2010 年 12 月 25 日與臺南市合併改制為直轄市，成為臺南市後壁區頂安里。(2020.10.26)

曾祖父的續弦

　　我從我家族戶籍資料考證，並列出姓名，我的想法和目的，主要是希望它具有家族史的流傳與尋根的意涵，或許從姓名對照中會有新家族成員的出現，這是我由衷的期待。

　　我高祖陳祥卒於 1894 年，享年 68 歲，這時候我的高祖母王氏三貴 66 歲，她再過了 6 年之後，才以 72 歲的高齡過世，足證她在陳家扮演的重要角色。這時我曾祖父陳水連已經娶了曾祖母王氏換，除育有陳得望、陳朝能二子之外，並領養鄭瑞興。

　　由於我曾祖母的早逝，曾祖父陳水連在 32 歲時續弦我的繼曾祖母曾氏吉。她出生於 1866 年(清同治 5 年)，根據日本統治臺灣時期的戶籍記載：她被註記的是「漢族」，但我考證繼曾祖母娘家的戶籍資料，她父親曾評，母親陳氏隨，他們家的戶籍地位在鹽水港廳哆囉國西堡(今臺南市東山里)番社街(俗稱中街)，是平埔族以西拉雅族人為主的居住地區。

　　檢視我曾祖父續弦曾祖母時，我的繼曾祖母當時已經 26 歲，並有過婚姻，所以繼曾祖母嫁到我們陳家時還帶過來一位 3 歲女兒。曾祖父與繼曾祖母婚後的第 5 年，生下我的祖父陳枝葉，但曾祖父竟在祖父才 6 歲時，就以 43 歲的英年撒手西歸，陳家家業受到很大影響。

　　清治臺灣的地方鄉勇團練組織，曾祖父生前曾擔任協助

地方治安的「甲長」一職，這職務可溯自陳家先祖以來的熱心社會公益。當時守寡的繼曾祖母才 37 歲，除了要照顧幼小的祖父之外，後來還負責將她帶來與前夫所生的女兒賴氏香許配給我們陳家的養子鄭瑞興；更特別的是繼曾祖母還將她妹妹的女兒李氏月，介紹給曾祖父與曾祖母所生的長子陳得旺結成一對連理。

從我曾祖父的過世，繼曾祖母的主導這兩門婚事，可以想見繼曾祖母來到我們陳家之後的地位和全力的主持家務。曾祖父的過世，當時我們陳家除了靠種植農作物收成以外，想必並沒有其他的收入，我可以想像繼曾祖母當時很難再提供我祖父受教育的機會。

祖父 20 歲時與我祖母黃氏阿來結婚，3 年後生了我父親陳其，可是祖母卻在 7 年過後，因身心受到家族複雜生態的衝擊下久病厭世，死時 34 歲，留下父親當時才 12 歲，和我大姑 7 歲的小小年紀，二姑則很小就過世，後來我的這位大姑不幸在她 18 歲死於心肌梗塞。

當時陳家大大小小的生活困境，都還是要靠我的繼曾祖母一身擔起大任。祖父 34 歲的續絃蕭日氏，我想這檔婚事也是在我繼曾祖母的主導下完成。婚後生下我的三姑和叔叔。

1937 年繼曾祖母和祖父為了我父母親的結婚喜事，就在臺南州新營郡後壁庄安溪寮頂寮，蓋了我們的老家祖厝。父親與母親是同年出生在頂寮的同一村子，他們是 20 歲那年結婚。2 年後，祖父竟在與曾祖父同樣年紀的不幸死於 43 歲的壯年。

祖父的英年去死，陳家的生活重擔從此更是要由我繼曾

祖母一身撐起，她再苦撐過了 3 年之後，在 77 歲那一年，終於卸下了她自從 26 歲起，再嫁來到我們陳家以後所肩負起超過半世紀的生活重擔，也為我們陳家守住了家業。

　　近年我整理陳家先祖的遺物，發現有張單據是日治大正 8 年(1919 年)8 月 14 日，由有限責任青寮信用組合出具給祖父陳枝叶第四九八號的出資證券，金額上寫的是「一金五十圓也口數五口」的字樣，這分文件成為祖父留給陳家保存下來的珍貴遺物和無價資產。(2020.10.26)

南縣模範父親

繼曾祖母過世時，父親 24 歲，是父母親婚後的第 5 年，陳家生活重擔遂轉落在父母親身上，父母親除了要照顧繼室母親，和同父異母的 10 歲妹妹、7 歲的弟弟之外，還要養育我們先後出生的兄弟姊妹 9 人，這真是一個食指浩繁的大家庭。

現在，每當我想到先父身世，他 12 歲時喪母、20 歲結婚後 2 年喪父，和過了 3 年他又失去最能依靠的我繼祖母時，父親的養成容忍，有事不輕易對外吐露的性格，我幾乎沒有聽過父親談起他幼年的生活情形，也或許他了解所談的盡是些人生無可奈何的過去，談了對後輩也無多大的教育意義，只是徒增無限的感慨罷了！

所以，父親極少跟我談起他的童年，父親的沉默寡言，與他的坎坷成長過程多少有關。何況父親來到這世界之前，就先有一位哥哥在出生後未滿一年的不幸早夭；5 歲時添了一位妹妹，但由於我祖母體弱多病厭世，在父親 12 歲時又離他而去，留給父親的是永遠抹不去早年失去母愛的陰影。

我祖母過世的隔年，祖父續弦，緊接著繼祖母在第二年、第三年和第五年，先後產下父親的二妹、三妹和弟弟。二妹未滿一年即殤，三妹差父親 14 歲，弟弟小父親 17 歲。父親與他同父異母的妹妹、弟弟的懸殊年紀，更凸顯日後需

要父親要善盡長兄如父的照顧責任。而父親最親近的人也只能仰賴當時已經高齡 60 多歲的我繼曾祖母了。

二戰後期，日本發動「大東亞戰爭」的南進侵略，父親被調往南洋充當「軍伕」，而且當時他已經是三個小孩的爸爸了。戰爭結束，所幸父親能安全返家團圓。

記得 1958 年的「八二三炮戰」前後，我的叔叔就曾在大二膽服役，當時年紀還小，不知有大二膽，只是常聽父母親提起叔叔在外島當兵。

1950、60 年代的臺灣，尚屬封閉的社會，上一代還存有怕香火無人承繼的「斷後」觀念，都會讓自己小孩在徵召服役之前，就先完婚。我們家叔叔在當「充員兵」之後，嬸嬸就得自己下田工作，和撫養年幼小孩。嬸嬸辛苦的獨撐家計，我母親一定感同身受，因為她也曾有過先生當兵在外的相同經驗。

叔叔在大二膽的外島服役期間，我更常被父母親叮嚀要多照顧堂妹、堂弟。或許叔叔、嬸嬸因對這份的情感常懷於心，所以，當我兩個小孩尚是嬰兒階段還留在安溪寮老家，和他們的爺爺、奶奶住在一起的時候，我的叔叔、嬸嬸也特別幫忙照顧他們姊弟二人的生活。我印象特別深刻的情景是，我們返鄉經常還可以見到我家弟弟被他叔公馱在肩上，姊姊則是由她嬸婆牽著手，一起走在農間小路上。

父親的童年是孤單的，他在失去自己親生母親時，正是還在日本殖民教育公學校念書的年紀。我不確定父親後來沒再繼續念書的原因，也不清楚離開校園之後的父親，是否跟隨我祖父下田耕種，但我知道父親在 20 歲與我母親結婚時，

就已經在烏樹林糖廠工作了。

我聽說 1947 年 2 月 28 日發生於臺灣的「二二八事件」，是在 1970 年上臺北念書之後，由於經常看到有關當時所謂「黨外人士」立委黃信介、市議員康寧祥等人的新聞報導，遂對該事件的緣由產生好奇，也想進一步了解當時發生的實際情況，我曾利用學校放假返鄉的機會，請父親談談他所了解「二二八事件」的當時情形。

當該事件發生的時候，父親已是 29 歲的青壯階段，應該已經是屬於懂事的年紀。而當我在該事件 24 年之後再問起「二二八事件」的時候，父親也才 53 歲，腦筋應該還算是清楚。

可是他對於「二二八事件」的所知仍極其有限，對於我的提問也都只略提了一下，他聽說當時只有在嘉義火車站好像發生有人被槍殺的流血情事；也或許該事件在我的家鄉臺南後壁地區，並無發生任何重大的血腥案子。

不過，父親對於 1930 年代「臺灣文化協會」的反日運動，倒是談得比較多，有特別提到與我們同住在安溪寮的福安村有位名叫林直(閩南語發音)的鄉紳，好像是曾經參加過「臺灣文化協會」的組織和活動，在當時鄉下地方可以接觸外來新思想機會的人士，算是一件極為風光的事。

如果我沒有記錯的話，林直好像在臺灣光復之初擔任過縣議員，聽說他有個女兒林秀芬從師範學校畢業之後，在安溪國小擔任老師，後來與同是安溪國小老師，也是我國小老師沈松齡結婚，他們婚後就住進學校的日式宿舍。

父親對我的少談「二二八事件」，我想他是不希望我對

於政治太熱衷，而是一再提醒我「多讀點書，少碰政治」，並期望我將來謀得一份公教職工作，以便養家糊口的善盡自己應盡的義務。因為當年在鄉下做農的日子實在太辛苦了，他不願意看到自己的小孩子未來像他那樣幹活。

我對於「二二八事件」的了解，是後來我在整理〈戰後初期吳新榮的政治參與與文學創作〉一文，以及撰寫《警察與國家發展——臺灣治安史的結構與變遷》一書時，查閱了相關的檔案與資料，也才有比較清楚了解當時發生在臺南佳里地區，和嘉義水上機場附近的混亂情勢。

近年來，我閱讀和引用了當年曾擔任太康艦長高舉將軍未公布的回憶記述，其內容和我與父親生前所略談及有關「二二八事件」的印象，再對照該事件發生 71 年之後的今天，臺灣社會還存在對於認知該事件的嚴重分歧，也難怪 2014 年白先勇要特別出版《療傷止痛——白崇禧將軍與二二八》一書，詳細陳述其父親當時奉派來臺處理「二二八事件」的基本態度與做法。

父親生前經歷日本在臺灣殖民統治和國民黨戒嚴的威權統治階段，總謹守「禍從口出」的少開口準則。有時候心情稍好的時刻，偶爾還會哼著有日本風味的臺灣小調，印象最深刻的是鄧雨賢譜曲的〈雨夜花〉和〈月夜愁〉等歌。

1978 年我在臺北的生活與工作終於穩定了下來。父親生前很難得來我溫州街的住家，那是在我們剛為他多添一位孫女的時候。另外有次是我在榮總住院，記得父親是由大哥陪同上來，他們是連夜搭車北上，一大清早他們就出現在我的病床旁。

　　父母親對我們 9 位兄弟姊妹各有不同的懸念，也各有不一樣的期待。父親對我而言，最令他擔憂的是我的身體健康情形。1980 年 9 月，榮民總醫院開出我的住院診斷證明書，註明我左髖關節痛的病狀，罹患的是「強(僵)直性脊椎炎」。醫生要我做水療復健，叮嚀我要按時服藥，最好不要再吃中藥和貼藥膏。

　　40 年前的臺灣社會，一般人對「強(僵)直性脊椎炎」的病狀並不是那麼了解。回憶當時我深受該病痛的身心折磨，卻也還只是停留在摔傷或普通腰酸背痛的膚淺認知。此後，我面對那幾年的痛苦復健和服藥，是我人生中最黯淡的一段歲月。

　　1987 年 9 月 4 日我曾寫了篇〈理想與現實〉登於《大華晚報》，主要記述我 1981 年抱病應邀回到臺南縣故鄉，為當時準備競選連任的楊寶發縣長，擔負其競選期間政見文案的策畫，和文宣傳品的書寫。那是我第一次正式參與地方性的輔選，也是我接觸臺南地方政治文化生態開始的一次全新經驗。

　　選舉結束，楊寶發縣長順利當選連任，我則返回臺北原來的服務單位。或許是連續兩個月來不眠不休的過度勞累關係，腰部和腿髖骨部位的疼痛加劇，造成我身體的不舒服，經過一段時間的調養，才逐漸恢復健康。

　　連任後的楊縣長有意邀請我回臺南縣政府服務，但我沒有向他報告我在選舉期間所導致身體再度出現不舒服的情事，只以臺北工作為由，委婉地向他說明不能南下勝任這份工作的原因，並感謝楊縣長的美意。

　　雖然我失去了這次與他共同為臺南鄉親打拼的機會，但縣長在他期滿卸任，調升臺灣省政府服務，尤其在他擔任省府委員兼經濟發展動員委員會主委任內，我有幸受聘該委員會研究委員，以及後來他調升在內政部擔任政務次長期間，我都常有機會向他請益。

　　楊次長在擔任臺南縣旅北同鄉會理事長期間，我忝被選為該會監事，我們更常在會議和餐會中見面，他還曾特別先後贈送我《吳新榮傳》和《連故資政震東年譜初稿》等兩本有關臺南鄉賢的書，並勉勵我：「來自臺南故鄉人，當知臺南故鄉事」。

　　公職退休後的寶公不幸於 2012 年罹患重病的期間，我和當時擔任國立空中大學校長室秘書，亦是當年寶公在內政部擔任政務次長的機要秘書王義榮兄，一起到寶公位在臺北市復興南路家裏探視他老人家病情。

　　這時候的寶公剛從醫院住院回來不久，我們見面的時候，他還一直關心我的教學與生活情形，我和王秘書對其身體狀況極具信心，也深摯盼望這位受大家尊重的長者，一定可以在很快的時間內就恢復健康。

　　當時他還特別與我合拍了一張照片，想不到這照片竟成為他送我這兩本書之外，留給我的最後一件紀念物。寶公生前對我的關心，猶如我對父親的深情感受與懷念。

　　記得那是我在僵直性脊椎炎發病最劇痛的期間，當時我剛在臺北工作和成家不久，而且小孩還很小。父親每次從臺南老家打電話來，問身體有沒有好一點，痠痛有沒有減輕。我從電話裡聽了父親傳來關心的聲音，我心裡都非常沉重，

我理解父親的心情，我真的不能也不願再讓他擔心，我總是故作輕鬆的答說：「有了！有了！(閩南語發音)」。

父親來電關心病情與生活，多年來一直是持續著，尤其是在天氣變化的季節，更是加深了父親的掛慮與關懷之情，直到父親在 69 歲那年嚴重中風，變成植物人以後，我就再也沒有那份福氣接到父親的親情來電了。

回憶父親生前曾經有過三次身體比較嚴重的病痛。第一次是他的胃部手術；第二次是腦部的開刀，致使他無法親自接受 1984 年臺南縣模範父親的表揚大會，不得不改由我代表他，從當時臺南縣長楊寶發的手中接受獲頒的模範父親證書和獎狀。父親第三次的身體嚴重病痛，就是中風成為植物人。當時所幸與父親同是日治大正 7 年出生的母親身體還硬朗，可以負起日夜辛苦的照顧。父親在繼續與病魔纏鬥了 5 年之後離開人世。

2020 年諾貝爾文學獎美國詩人露伊絲・格麗克（Louise Gluck）的《雪》，其描述她「十二月底：我和爸爸去紐約/ 去馬戲團。他駄著我/ 在他肩上，在寒風裡：白色的碎紙片/ 在鐵路枕木上飛舞。爸爸喜歡/ 這樣站著，駄著我/ 所以他看不見我。我還記得/ 直直地盯著前面/ 盯著爸爸看到的世界；我在學習/ 吸收它的空虛，大片的雪花/ 繞著我們飛旋，並不落下。」

格麗克這首詩令我不禁想起自己孩提年紀，也曾經被父親駄在肩上的日子，和看到我家弟弟被他叔公駄在肩上的興奮情景。或許迄今我還是無法完全理解父親生前和我唯一叔叔的世界，但我可以確信父親駄我，和叔叔駄我家弟弟在他

們的肩上，讓今天的我們父子可以看得到更遠更高的視界。
(2020.10.26，2021.04.04 審修)

母親 104 嵩歲

　　母親娘家是今臺南市後壁區頂安里的廖氏人家。我對外公特別的回憶，就是他帶我們到安溪寮唯一的「金紫戲院」看戲。安溪寮的「金紫戲院」對於我們這一群當時正在念國民小學的鄉下小孩而言，是唯一一個可以觀賞歌仔戲、布袋戲和電影的休閒好地方，是難得的共同集體記憶。

　　「金紫戲院」是由安溪寮林家後代所建，是為了紀念其先祖林金紫，就特別將戲院取名為「金紫戲院」。林家子孫中有位林耀東早年赴日留學，在早稻田大學攻讀經濟。1923年9月適逢關東發生大地震，造成居民人心惶惶，就如有名的文學家谷崎潤一郎也從關東遷移到阪神地區。

　　林耀東也就在這種情況下結束旅日生涯，回到故鄉安溪寮。林耀東的元配邱湘是東山區邱秋貴的大女兒，當年的邱家在東山地區也是大家族，關子嶺碧雲寺的建造，邱家還是出錢出力。林耀東有位姐姐嫁給新東村徐家，林耀東與徐朱南成為表兄弟。

　　檢視《後壁鄉志》中介紹的兩位重要工商業人士，臺北白雲山莊養蘭花主人林榮賢，和臺灣早期有「養雞大王」之稱的黃崑虎。林榮賢娶邱秋貴的二女兒邱稞，邱秋貴最小女兒邱甜則是嫁給新東村的徐朱南。徐朱南、邱甜夫婦也就是我岳父、岳母。另外，邱秋貴的次男則是娶後壁區黃崑虎家

族的成員黃素娥。

母親在她還是孩提的年紀時，由於有過在安溪派出所幫忙照顧日本警察小孩工作的經驗，即養成她懂得體貼別人和善解人意的個性。這可從她處處為家人著想顯現出來。

臺灣著名的「馬加魚」，據說1683年當施琅來臺之後，特別喜愛吃這種魚，府城民眾因為施琅官銜「提督」的閩南音與「土魠」相近，於是當地就將「馬加魚」改名「土魠魚」，是當地最高檔的魚類品種。

府城除著名的「土魠魚」之外，還有「虱目魚」，但這兩種魚在臺灣經濟尚未起飛之前的1960年代前後，都是屬於高價位的食物。現在臺南、高雄地區盛行的土魠魚和虱目魚小吃，也讓我聯想到母親在我的記憶裡，她是從不吃魚的，但是她會為父親和我們特別蒸或煎虱目魚料理。

然而，我們在母親晚年特別為她準備的虱目魚粥，還有魚肉地瓜粥，每次她都吃得津津有味，我們為了她的改變習慣感到高興又驚奇。但更深層的想到，母親當年是因經濟因素而不忍與我們分食吧！

還有在嘉南地區春天出產的竹筍特別多，含有大量的纖維可以幫助消化，是母親常為我們準備的佳餚。或許是受到小時候常接近竹樹林，和在竹林下嬉戲的影響，以後我北漂臺北工作，在一次會議中，有機會聽到當時副總統謝東閔細說竹筍的益處，他和母親一樣的非常鼓勵大家一定要多吃，保證有益於身體健康，深有感觸。

已故謝副總統的出身彰化農家，對於臺灣種植竹樹的可以作為多種用途，尤其他在省主席任內提倡「客廳即工廠」，

特別重視發展竹製手工藝品加工業，並將臺南關廟地區有創意的竹製工藝品促銷全世界。

聯想當年自己對於職業的選擇，大多迫於能力和經濟壓力，我只能先選擇竹製品外銷，以對我生活環境獲得最大改善的工作，而不是選擇自己最喜歡的工作。這是我人生的無奈階段。

感受我們家族，當爸媽在安溪寮時，家就在安溪寮，我們全家人的凝聚就在安溪寮；當爸過世後，媽在高雄，家就在高雄，我們全家人的凝聚就在高雄。

對於我這長年旅居在外的打拚人，我總愛蘇東坡寫的〈定風波──南海歸贈王定國侍人寓娘〉，詞是這樣寫的：

> 常羨人間琢玉郎，天應乞與點酥娘。盡道清歌傳皓齒，風起，雪飛炎海變清涼。萬里歸來顏愈少，微笑，笑時猶帶嶺梅香。試問嶺南應不好，卻道，此心安處是吾鄉。

我對於陳家人共同分擔照顧父母雙親，始終心存感激、感激、再感激。我出身農家，也愛引莊稼人喜用感恩圖報的「吃果子拜樹頭，吃米飯惜鋤頭」，為自己的座右銘。

有時候，我會想除了父母親健在的時候能維繫安溪家族的價值與信仰之外，共同保存祖厝和守護庭園也是一種傳承家族的價值與信仰。儘管每個人心中的價值與信仰可以不同，但是我認為這是我的價值與信仰。

我想到自己從高中時代就離「家」在外求學和工作，離

「家」代表著離開父母親身邊，體會到「多想跨出去，一步即成鄉愁」的滋味，而久久不已。但無奈離家的時間久了，自己也練就如蘇東坡所說：「此心安處是吾鄉」的功夫，勇敢去面對惡劣環境的挑戰。

回憶每次到安養院探視母親，在離開高雄回到臺北之後，心頭的沉重只有自己最清楚，接連下來這幾天，總是繞著自己到底為母親做了些什麼？自己又能為高齡的母親做些什麼？

想到年老病中的母親，她已久的不良於行，平常只能在床上與輪椅之間的做轉換行動；身上膚色已出現褐黑色的病狀，也許是血液循環不好；已經脫落的牙齒，讓她無法順利吃食物，只能進用一些液體食品。

晚年的母親雖經過醫生診斷的中度失智病症，依政府的長照福利理應領有身心障礙手冊，以減輕家屬的經濟負擔。儘管我看到母親的情況，很難讓我接受母親是患有失智症的病人，但也不禁讓我回想起父親在過世前，成為植物人的那幾年臥病期間，母親是如何地盡到身為人妻無微不至的照顧重病中的父親，讓我們身為人子的可以放心在外地打拚。

母親餘生的最後幾天，2019 年 07 月 15 日我在臺北接到母親送高雄長庚急診住院的消息，和到 23 日清晨獲知母親已在睡眠中安詳往生，之後，我已經正式成為一位無爹無娘的人了。

記得弘一大師李叔同為其生母葬禮所作《夢》的歌詞：

哀遊子煢煢其無依兮／ 在天之涯／ 惟長夜漫漫而獨寐兮／ 時恍惚以魂馳／ 蘺偃臥搖籃以啼笑兮／ 似嬰兒時／ 母食我甘酪與粉餌兮／ 父衣我以彩衣／ 月落烏啼／ 夢影依稀／ 往事知不知？／ 淚半生哀樂之長逝兮／ 感親之恩其永垂／ 哀遊子愴愴而自憐兮／ 吊形影悲／ 惟長夜漫漫而獨寐兮／ 時恍惚以魂馳／ 夢揮淚出門辭父母兮／ 嘆生別離／ 月落烏啼／ 夢影依稀／ 往事知不知？／ 淚半生哀樂之長逝兮／ 感親之恩其永垂。

　　歌詞中李叔同哀嘆自己的時至今日，乃半生匆匆，實感慨人生之苦，而心中的哀樂就像流水般逝去，惟有母親的恩情永垂。讀之，令人鼻酸，不禁淚流滿面。尤其在觀賞「一輪明月」的了解李叔同母親的坎坷故事之後，更加可以感受母親慈悲與愛的偉大。

　　我們對於年長者的尊呼 100 歲為期頤，期是期待，頤是供養，意謂百歲老人，飲食起居不能自理，一切需期待別人供養或照顧，頤養天年之期，切莫悲情言老，老當益壯。

　　母親的遠行，如按民間風俗的計齡方式，過了百歲之後，每過 1 年是以 2 歲來算，母親是嵩歲 104 了。(2020.12.24，2021.04.04 審修)

拙耕園的荒蕪

　　我們陳家的祖厝地應該是在我曾祖父母階段就已經保
有下來，同時也在我曾祖母持家時，正式分割給我家領養來
的鄭氏伯公、或四叔公和我祖父。至於祖厝的起造時間應是
在 1935 新營大地震後新蓋而成。

　　這祖厝的建築，讓我聯想到 2015 年 5 月經文化部授證
國家指定重要傳統藝術及文化資產保存技術保存者的人間國
寶廖枝德先生，他於 1930 年(昭和 5 年)出生，在公學校畢業
之後，曾在臺南後壁烏樹林的一戶人家當長工。

　　20 歲以後，他轉學木工技藝，幸遇唐山來臺灣蓋廟的余
燦師傅，並拜其為師。廖枝德在學得一身技藝，其中也學會
最難的「落丈篙」技術之後，從此展開臺灣傳統閩南式厝屋
營建，及傳承大木作技術的保存，其建物遍及臺南後壁、白
河、東山等地。

　　我手邊的資料，我家祖厝第一階起造的木石磚造(雜木以
外)完工時間應是在 1937 年(昭和 12 年)7 月(前)；第二階段增
建的土竹造(純土造)完工時間是 1942 年 7 月(前)。

　　如果以這時間推算，當時廖枝德才分別是 7 歲與 12 歲，
他是不可能參與我家祖厝的興建，而是否會和其師傅余燦有
關連，目前缺少資料佐證。至於祖厝第三階段 1966 年 7 月土
竹造(竹造)，和第四階段 1968 年木石磚造(雜木)部分都屬於

非常簡陋的建物。第五階段 1979 年 3 月的將第三、四階段建物的改建成木石磚造(雜木以外)是最後保存下來的模樣。

我家閩南式祖厝主要還是以 1937 年和 1942 年興建的為主體建物,而這時間點也正是我繼曾祖母和祖父為我父母親的結婚喜事而興建落成,這棟祖厝的起造迄今至被拆除,歷史已近 80 年。

回溯我家這建物完工後的 2 年,我 44 歲的祖父並沒有能好好舒適享受多久就去世了,他跟我曾祖父離開人世的時間一樣都在正值壯年期,以後這祖厝遂由我父親和叔叔繼承,而當時我們家鄭氏伯公已自立門戶蓋了房子,至於另位堂叔公則是搬離到比較熱鬧的街上,以方便做生意,而他所留下的持份祖厝地則由我父母親買了下來。

因此,我們家與叔叔原共同持有的祖厝和門口埕院,再加上父母親增購的祖地,讓我家祖厝的原埕前空地寬廣了不少,於是父母親是把這塊祖地開闢成果菜園,也是我們兄弟姊妹小時候最常玩耍的一塊園地。

後來我父母親又湊錢,把緊鄰祖厝左邊,原由一對母女擁有的厝地買下,這更形成我們家祖地的這一大區域庭院。這塊祖地就是我所界定中的「拙耕園」,而祖厝主體建物就是我所取名的「安溪書齋」。

祖厝是家族人的共同記憶。我家祖厝是在我先祖父時期所建,並在過世時,就將祖厝過戶給先父和叔叔兄弟二人,各據客廳的兩方,各有兩間房間。到了 1970 年代由於房間不夠使用,經雙方協議,叔叔讓出祖厝,另在祖厝正後方蓋新房。叔叔也到了近年才將其名下的祖厝部分,過戶給兒子,

也我就是的堂弟。

有關我家祖厝部分，當 1990 年父親還在他臥病期間，是先將其所持有的祖厝地均分給我們兄弟四人，直到父親過世，我們都不知道祖厝是登記在父親和叔叔的名下，所以，祖厝也就一直未辦理過戶手續，至近年代書幫我們查閱資料，我們也才清楚這檔事。

祖厝面臨的棘手問題，因為祖厝沒有所有權狀，拆除的話，當然一切歸零；但如果祖厝繼續要保留的話，就會出現家屬繼承和拋棄繼承的困境。

每當我看到「拙耕園」和祖厝斷垣頹壁的殘破景象，更添加我心裡的感傷。我為了維護「拙耕園」和祖厝，克服某些親人的迷思，於是提出建議來整修祖厝。我很不願意見到祖厝最後的遭遇是先祖的起厝動千工，卻是拆厝一陣風的悲慘下場。

我們陳家則是為了祖厝拆與不拆的爭議，未得獲致共識。我感覺非常沮喪，我主張整修而不要拆除祖厝的最主要理由，就是希望大家能維繫家族的情感，和祖德留芳的傳統美德。

當我仍在為祖厝要被拆的事煩惱，2020 年 11 月 16 日也給兄長的信息做最後的努力：「拆陳家祖厝，摧毀了兄弟姊妹的共同記憶，我們兄弟倆被恥笑竟然沒有能力一起去維護。你不顧兄弟情的一意孤行，套上阿叔說的：任由不是姓陳的人藉由怪力亂神的主導拆屋，實在對不起父母親和列祖列宗，一切後果由你們自行承擔。」

回顧二年前的 2018 年 11 月 20 日我曾在臉書寫下：「日

前的一個下午，獨自從新營搭黃九大臺南接駁車的往嘉義高鐵途中，在北安溪寮站下車，步行約百公尺找到父母親讓我繼承的一塊農地。回想起這塊農地給我的記憶，應該已經有了四十多年光景。儘管時間久遠，但我始終無法忘懷，因為它是撫育我們家人一起長大成人的大地。我彎下腰，觸摸著田埂上長出的雜草，我未能確知這塊目前未種植稻作的，就是父母親留給我的這部分。我出外北漂多年，只能將這塊農地委託叔叔，現在叔叔也已老到無法下田耕作，只能拜託堂妹的繼續幫忙。……」。

　　兩年後的 2020 年 11 月 20 日我又在我的臉書寫下：「兩年了，這期間家鄉裡已產生許多變化，最哀痛的莫過於母親的遠行，讓我成為名符其實無爹娘的遊子。對於故鄉的思念如今都已化成文字的書寫，以抒解心胸的澎湃思情。勉力完成繼《臺南府城文化記述》之後的出版《稻浪嘉南平原》和《紀事下茄苳堡》等二本電子書，聊以報先父母親養育之恩。想起印度詩哲泰戈爾《漂鳥集》詩：讓我不致羞辱您(們)吧，父(母)親，您(們)在您(們)的孩子們身上顯出您(們)的光榮。」

　　但是一個星期之後的 28 日晚間，我得知老家祖厝已在二天前被拆了。這不但是摧毀了我們家族人的共同記憶，也是一段令人不堪回首的家族史，我心中的悲痛久久難以平復。

　　祖厝被非陳氏族人執意拆掉了，我只有在清明祭祖時向父母親及列祖列宗默禱：拆祖厝，這種有損祖德的事，實非我意，希望他們在上天之靈能諒解我的努力，但還是無法達成維護「拙耕園」和整修祖厝的心願，最終竟遭致被拆的殘

酷命運。

　　祖厝被拆了，連帶家族人的凝聚力也被拆散了，當年祖
父母和父母親心力也白費了。祖先原留下的「拙耕園」庭園
現已成一片光禿禿之地，我期望未來不要繼續荒蕪下去，而
能夠有一個圓滿的結局。(2020.11.29 審修，2021.04.05 定稿)

第四部分　閱讀學思書寫

閱讀書寫的養成

　　我閱讀的啟蒙階段，1951 年我出生在臺南縣後壁鄉安溪寮的頂寮，1957 年進入安溪國民學校就讀。1960 年代前後的臺灣社會，除因戒嚴統治下的言論自由管制之外，當時臺南鄉下的比較封閉環境，要不是經濟條件較好，而且受教育水準也比較高的話，一般家庭實在無餘力花錢來訂閱報紙和購買其他課外書本。

　　我印象中，最先接觸到的報紙《公論報》，就是在我大姊夫家。我大姊夫和他大弟、二弟(也是我安溪國小同班同學)在學校的表現都非常傑出，他們家正是被選約定設立《公論報》的區聯絡處，每天按時很早就有了《公論報》送過來。

　　回溯當時因為大姊夫和他大弟年長，與外界接觸的時機較早，思想也比較先進，才會有在家裡擺放和閱讀報紙的習慣，我也因此得有機緣接受到報紙啟蒙，和養成喜歡閱讀習慣。

　　在同這一階段，我也開始接觸到《中華日報》，我閱讀《中華日報》，乃至於副刊，通常是利用一大早的時刻，走到我家對面的一間小雜貨店，趁著清晨店裡客人還少，店家主人比較不會在意的時刻，我可以儘快翻閱看完報紙。

　　父親見我喜歡閱讀報紙的情況，也曾經利用有段期間，例如暑假時候，盡力克服家裡財務的拮据，為我特別訂閱報

紙，只是當時我對於李萬居主持的《公論報》，與國民黨旗下的《中華日報》，它們這兩家報社的歷史背景，和言論立場並不是很清楚。但是對於當時還是國小的一位學生而言，能夠可以有閱讀報紙的機會就已經很滿足了。

我非常感謝《公論報》與《中華日報》南版的發行，這兩家報紙啟蒙了我青少年時期的閱讀，並為我日後養成剪報與書寫習慣帶來很大影響，也讓我深入了解到當時《公論報》的亟欲標榜獨立公正，而《中華日報》的極力維護執政黨，這兩大報紙各堅持自有扮演的立場與角色。

1963 年我考上離家不遠的當時省立後壁中學的初中部。回想那時段在安溪寮的生活與閱讀，主要是受到當時北上就讀由謝東閔先生創辦有「新娘學校」之稱的實踐家專家姊的影響。她從臺北帶回來的有關文學書籍，如《羅蘭小語》等，這一機緣是啟蒙我閱讀課外讀物，尤其是帶給了我接觸文學的開始。

我自己也開始買《西遊記》、《三國演義》、《水滸傳》、《紅樓夢》、《儒林外史》等中國古典小說；加上，當時家兄每次放假回來，也總會帶回《文壇》、《讀者文摘》之類的書刊，我都如獲至寶般的高興，也從此慢慢的養成喜歡閱讀雜誌和文學作品的嗜好。

漸漸地，我也開始自己騎腳踏車到新營鎮，繞著中山路、中正路等街道處處找文具店、書店或書局，總希望找到自己喜歡閱讀的書刊。印象中最有名是位在中山路的「新合成書局」，雖然如此，但實在無法滿足我想要廣泛閱讀的需求，於是我興起要離開安溪寮鄉下老家，到比較遠的城市求

學的念頭。

　　鄉下後壁初中畢業的參加高中聯考時，我只一心想去府城臺南，開開眼界，看看非常令我羨慕的臺南古城，那裏一定會有更多我想看的書刊雜誌。

　　所以高中聯考我選擇了臺南區的考試。結果成績放榜，我未能如願進入位在臺南市區的學校，而是分發到市區以外，位在新化鎮的省立新化高級中學。

　　我在高一的年紀就開始過著在外租屋的生活，這是我生平的第一次離開父母親身邊，但唯一感到非常不能適應的就是我的鄉愁。當時我特別喜歡聽由臺南亞洲唱片公司灌錄，陳芬蘭唱的《孤女的願望》，來紓解思鄉情緒，但有時候也會越聽越感傷起鄉下生活的困境，乃至於以後喜歡聽和唱陳芬蘭另外一首《快樂的出航》。

　　當時我真羨慕租屋處隔壁房間住的高二學長田健銘，他念的是乙組人文藝術類。記得每逢學校月考，大家都努力準備考試的時刻，我發現他總是神情悠哉地仍在桌上擺放著《文星雜誌》，和文星書店出版的梁實秋《秋室雜文》、李敖《胡適評傳(第一冊)》等文星叢刊。

　　我喜愛課外書籍和文學接觸，也就是在這個時期，而閱讀受到他更大的啟蒙和激發。這一學期可真讓我大開眼界，大量接觸文學作品的階段，我對於胡適自由主義思想的嚮往應該是始於這個時候吧！

　　高一這上學期的在外地求學，我仍然未能克服我的離家鄉愁，以及適應班上同學大都是來自臺南市區的都市生活習慣與思維，當時我已深深感受到城鄉差距的存在。

　　我決定參加轉學的插班考試，回到由臺糖公司為其子弟設立位在新營鎮的私立南光中學。由於父親在烏樹林糖廠服務的身分，我的臺糖子弟對南光中學倍感親切，真有回到家裡的溫暖感覺。

　　當時南光中學採取的是少班制的辦學方式，所以高一學生只有兩個班級，等到學期快要結束，學校開始調查學生升上高二以後的分組意願，而我最想唸的還是文史類的乙組，這時候我注意到省立嘉義中學招收轉學生，興起我再次轉學的想法。

　　那一年的暑假，我順利轉學到省立嘉義中學。我的書寫時期是從發表在《嘉中青年》的文章開始。我生平第一篇發表的文字就在這個時期，記得是以筆名「陳文斌」，文章篇名〈從王尚義到野鴿子的黃昏〉，當時我也特別喜歡與愛好文學的同學來往。

　　我印象最深刻的是有一位念自然組的同好，他家住在嘉義市區最有名的東門圓環附近。他是道地的嘉義市人，熱心地曾帶我到他熟悉嘉義市區可以買到好書的舊書攤，我們還有過為爭購郭沫若翻譯歌德作品《少年維特之煩惱》的趣事。

　　大學聯考放榜，而我就是在這不知把握時間，而只迷於愛看閒書，尤其是李敖、柏楊的作品，以及讀書不求甚解的習性下，上天給了我初次考試落榜的慘痛教訓。

　　之後我沒有學校可去，同時失去看閒書的正當理由，讓我意志非常消沉，最後家裡的人決定讓我上臺北補習班補習功課，希望我來年能繼續參加大學聯考。

　　現在回想我第一次上臺北來，有位當時租房子在臺北市

杭州南路的表姊，她比較早就從後壁安溪寮的北漂上來，幫我和家住鄰居，省立新營中學畢業，後來也上來臺北，同我一起在補習班補習的莊慶林，安排租屋在她租屋的隔壁房間。

我的這位表姊，當時她已是離開學校，留在臺北工作。她一直擔心我們不能適應陰冷潮濕的臺北冬季，果不其然的完全被她料中，我們這兩位習慣來自溫暖南臺灣，要準備聯考的鄉下小孩，總算勉強捱到那年農曆年的課程結束，就馬上收拾好行李返回後壁的鄉間老家。

可是我在臺北補習的這一段日子，因為我表姊也喜愛文學，她告訴我有個名叫牯嶺街的專賣舊古書的街道，雖然當時我心情低落，身上也沒有多餘的錢可以購書，但是我還是初次去逛了我已久聞其名的牯嶺街舊書攤。

有次當我偶然閱讀胡子丹在《中國時報》連載〈憶綠島的文青們〉一文，記述他在綠島坐牢期間，他的牢友們提到林宣生、涂子麟等人的名字，促使我回想起當年我在補習班的國文老師林宣生，和三民主義老師涂子麟，我才知道這兩位名師都曾經在綠島服過牢役，也都出自胡子丹所稱「助教室」的重要成員。多年後，我才知道補習班的老闆是當時臺北市議員孫鳴。

那次我返鄉後的在家過年，是一個令我難捱又難忘的年。好不容易挨過春節後，同村一位我安溪國小的同學，陳炎祥，他原本考上屏東農專，但辦理休學也正準備重考。他高中是從臺南二中畢業，所以對府城臺南市的住宿環境非常熟悉，他說服我新學期的開始，與他一起到府城的一家著名補習班補習，於是我帶著家人對我的滿懷期望與他同往。

　　與他在郊區租屋住滿一個月之後，我就搬離到市區友愛街，那是我唸嘉義高中時期一位要好同學林鴻生的姊夫家。這時候住在友愛街的距離聯考最後三個月，我不敢再多看閒書，但仍未減少逛書店的時間，猶記得當時我還在南一書局買了一套《胡適留學日記》(4 冊)，嗜書瘋狂的程度現在想起來真是令人難以理喻。所幸最終通過考試，等到填寫志願卡的時候，我的堅持是念哲學系，而當填志願表到輔仁大學的時候，我還是以哲學系優先。

　　這個時候我二姊的分析當時圖書館學系熱門情況，因為畢業以後可以比較不用擔心就業的問題。我想了想，念圖書館學系同樣是文學院，而且同時可以滿足我想廣泛閱讀的求知慾望，最後我很幸運的進入了輔仁大學圖書館學系展開我的另一段學習生涯。(2020.10.15)

雜文專欄的撰寫

　　進入了輔仁大學的第一年，我完全陶醉在自己自由閱讀的日子，我開始領悟閱讀的所謂「了解」(to understand)，是需要想像力與同理心。

　　想像力與同理心讓我們了解作品的幽微處，閱讀是不同於「知道」(to know)。所以，閱讀時是要主動地融入參與，而不是只被動的全盤接受。閱讀是需要建立自己的獨立思考與判斷力。

　　大二、大三我都參與了社團，諸如擔任圖書館系學會的會長、《輔大新聞》刊物的編輯。比較值得回憶的事情是在我擔任圖書館學會會長期間，除了負責出版學會的《圖書館學刊》之外，還特別選擇《文星叢刊》的出版物，分別由系上同學利用暑假假期擔綱撰寫提要。

　　同時，也創辦《耕書集》的刊物，提供同學練習撰寫書評發表的園地。也發表了我在《圖書館學刊》創刊號的卷首語：〈我們的方向—走進圖書館〉、和〈文星叢刊書目提要中的《胡適選集》評論〉，以及《耕書集》的〈《胡適留學日記》底透視〉等文章。

　　我參與《輔大新聞》校刊的編輯工作，辦了幾期之後，因為刊出的部分文章內容對當時時局有所批評，而未能被接受，導致主辦刊物的成員被迫改組，我們這一夥人也就被解

散了。而我的〈開拓凜然新氣勢〉一文已排好版面，總編輯蘇逢田也只好退還給我他已經校對好準備刊登的底稿，好讓我可以留作紀念。

當時我在《圖書館學刊》、《輔大青年》、《輔大新聞》等刊物，先後發表的雜文有：〈從三院圖書館到聯合目錄編製之芻議〉、〈胡適之先生著作書目提要〉、〈胡適選集介紹〉、〈學術研究在臺灣〉、〈理想中的大學校園〉、〈論大學教育與大學圖書館〉、〈不為也，非不能也！〉等多篇文字。

1973 年 6 月 12 日改組後的《輔大新聞》第 100 期，我雖已不續任編輯，但仍受邀寫稿，當期發表的〈請賜給農民精神食糧〉、〈大學生與國家的現代化〉等文，亦不改書生批評時政的本色。尤其 1974 年 9 月《大學雜誌》第 77 期還轉載我的〈臺灣公共圖書館事業發展的障礙在那裡？〉一文。

這時候我已開始轉向校外的工讀，第一份工作就是應徵到一家名為《中外產經》的雜誌社擔任助理編輯。當時適逢全球發生第二次的石油危機，我記得當時完稿的篇名是〈挺立於能源風暴中的臺灣〉。又因為臺灣經濟發展面臨勞工意識高漲的嚴重現象，我寫了〈臺灣勞工的問題在哪裡？〉一文。

後來因老闆該付給我的工讀薪水和稿費都一直拖延。在此窘境下，我也就不願意繼續留在那家雜誌社了。我也正式告別大學的生活，結束一段自己喜歡標榜，誠如余英時指胡適是一位「不可救藥的自由主義者」(an incurable optimist)。

我在服完義務兵役之後，1978 年底當我在工作上已經安定下來，和婚後的定居臺北市溫州街，一直 2000 年初我轉任

中央警察大學專任教職。

在 1978 年至 1999 年的這一段期間，前期我忙於工作、家庭和出國進修，直到 1987 年起，我開始在學校兼課之後，我就先後在《空大學訊》、《空大商學學報》、《中央日報》、《現代日報》、《臺北市立圖書館訊》、《大華晚報》、《黃河雜誌》、《臺灣新聞報》、《更生日報》、《流行資訊雜誌》、《臺研兩岸前瞻探索》等報紙和刊物上發表文章。

之後，並將我應臺南縣文化局之邀，在臺南縣文化中心講演的〈話說管理〉，後來選入臺南縣立文化中心編印《人生贏家》，《南瀛文化叢書 72，文化講座專輯第 9 輯》的一文，與上述發表的文章彙集成《臺灣政經發展策略》一書出版。同時，我也因為在國立空中大學商學系授課的關係，應出版商審訂了《上班族股票投資指南》、《證券投資百科》二書。

我正式在報紙上撰寫專欄，是從 1987 年 8 月起在《臺灣日報》以〈文化休閒〉與〈側寫女性人物〉為主題，分別撰寫一系列專欄，平均每星期一至二篇的稿子，一直寫到 1991 年 2 月為止。之後，並於 1992 年 5 月彙集出版《為有源頭活水來》一書。

1998 年 10 月起在《中央廣播電臺》主持〈知識寶庫〉節目，至 1999 年 6 月平均每星期的準備一篇文字稿的播出，一共播出 40 集。之後的整理為文字稿成書，以《近代名人文化紀事》的書名，由方集出版社交 HyRead ebook 電子書發行。(2020.10.20)

論文專著的出版

我對自己的學術之夢始終未能忘懷，包括我出國進修，和到大學的擔任專任教職，也都讓我文青時期的築夢得以踏實。而直到 2000 年 2 月我轉任中央警察大學專任教職，才終於達成我多年以來的願望。警大專任教職的歲月一直到 2016 年我的屆滿 65 歲退休改聘兼任。臺北城市大學仍任董事和榮譽教授之職。

在這一段期間，我把握任何可以發表學術論文和專欄文的機會，充實我教學、研究與服務的成績，除了經過各項評鑑之外，也積極參加了學術研討會和發表學術論文。

在研討會場次方面，諸如：中央警察大學通識教育中心、開南大學、中華媽祖文化產經慈善發展協會、中國海洋大學、上海社學科學院、臺灣省諮議會、福州閩江學院、廈門大學、日本 Hospitality Bank 研究所、海峽兩岸檔案暨縮微學術交流會等等。

在發表論文的刊物方面，諸如：《國立臺北商專學報》、《空大商學學報》、《臺灣新生報》、《警學叢刊》、《華人經濟研究》、《臺灣學通訊》、《警大雙月刊》、《中國地方自治》等等。

我發表的專書計有：《揭開致富面紗：臺灣經濟發展史略》、《文化創意與產業發展》、《臺灣經濟發展史》、《臺

灣創意產業與策略管理》、《臺灣治安史研究——警察與政經體制關係的演變》、《臺灣治安制度史——警察與政治經濟的對話》、《文創產業與城市行銷》、警大與警政署聯合出版《臺灣警政發展史》(第一章)〈警察與國家發展之關係〉、《文學、文獻與文創——陳天授65作品自選集》、《警察與國家發展——臺灣治安史的結構與變遷》等10本學術性專書。

　　另外，我彙整審修的有關學術專書部分，我從 2017 年起至 2020 年止，共出版了《臺灣政治經濟思想史論叢(卷一)：資本主義與市場篇》《臺灣政治經濟思想史論叢(卷二)：社會科學與警察篇》、《臺灣政治經濟思想史論叢(卷三)：自由主義與民主篇》、《臺灣政治經濟思想史論叢(卷四)：民族主義與兩岸篇》、《臺灣政治經濟思想史論叢(卷五)：臺灣治安史略》、《臺灣政治經濟思想史論叢(卷六)：人文主義與文化篇》等全套6卷的專書，計約150萬字。 (2020.12.24)

自述瑣記與主編

　　大學專職教學退休後，學校的授課改為兼任，我比較有更多自由的時間來整理自己過去發表的作品，我除了繼續撰寫《拙耕園瑣記》和《臺灣商報》〈文創漫談〉專欄。

　　《拙耕園瑣記》之後，改名寫《生命筆記》、《嘉南記憶》，幾乎每日一篇寫至 2019 年 8 月 8 日止，共寫了 300 多篇。《臺灣商報》〈文創漫談〉專欄之後，改名寫《生活隨筆》、《政經論衡》、《大成崗瑣記》，至 2020 年 1 月 21 日止，我在《臺灣商報》寫專欄的時間長達 5 年。

　　《拙耕園瑣記》、《嘉南記憶》等地方誌自述性文字，現在已分別以【拙耕園瑣記系列】出版了《拙耕園故事》、《近代名人文化紀事》、《臺南府城文化記述》、《稻浪嘉南平原》、《紀事下茄苳堡》、《流轉的時光：臺南府城文化風華》等紙本和 HyRead ebook 電子書。

　　《文創漫談》、《生命筆記》、《生活隨筆》、《政經論衡》、《大成崗瑣記》等文字，現在以【蟾蜍山瑣記系列】出版了《文創漫談》、《生命筆記》、《生活隨筆》、《兩岸論衡》等 HyRead ebook 電子書。

　　2020 年我獲悉臺北志文出版社發行人張清吉先生過世的消息，我才對他的人生有了更進一步的了解，更讓我對於他在臺灣文化出版界的貢獻，感到由衷的敬佩。

　　張先生曾在其生前接受媒體的訪問中略述：他民國十六年(1927 年)，出生在新竹縣竹南郡附近，父親為維持家計，帶著他們搬遷到臺南鹽水的糖廠附近打零工「賺吃」。念外埔公校(國小)時受到日籍老師的啟蒙，開始大量閱讀《幼年俱樂部》、《少年俱樂部》，和日文雜誌《講談社》等刊物。

　　臺灣光復後，張先生曾在臺北臨沂街經營舊書攤的生意，後來遇到一個年輕的臺大醫學院學生林衡哲(2002 年曾任臺南市政府文化局長)。於是他們學日本《岩波文庫》的出版方式，開始有了《新潮文庫》一系列叢書出版的貢獻，為張先生贏得在文化出版界猶如「臺灣的王雲五先生」的美譽。

　　《新潮文庫》在 1970 年代臺灣的出版界，是十足具有開創臺灣文化新潮一代的影響力。我喜歡閱讀《新潮文庫》出版的書刊，起源於念嘉義高中時期的購買《沙特自傳》一書。

　　是年 9 月我進入臺北新莊輔仁大學圖書館學系就讀，是該系成立的第一屆學生。大二那年，系上成立「輔大圖書館學會」，我們為了配合國內「圖書館週」的舉辦活動，也會邀請出版社來學校參加書展，志文出版社就是重要對象之一，而《新潮文庫》叢書也非常受到學生的歡迎。

　　輔大圖書館學會的另一項重要工作，就是出版《輔大圖書館學刊》，這是我初次的編輯經驗。同時，我也編輯系上專門為撰寫書評而特別發行的《耕書集》。

　　大三那年我受邀參與《輔大新聞》，和大四在《中外產經雜誌》的編輯工作，為了閱讀與撰寫文章的需要，我也陸續再購買了《新潮文庫》叢書，諸如史懷哲的《文明的哲學》、

許爾燡譯的《蘇格拉底傳》等書。

乃至於到了 1987 年以後，我有機會在報紙上撰寫專欄，我仍繼續購買與閱讀《一生的讀書計畫》、《書與你》、《讀書與人生》等《新潮文庫》出版的叢書，作為書寫的參考資料。

我的編輯夢在我服完兵役，上臺北經過出版商的面談未有結果之後，讓我對自己想朝出版業發展的理想倍感挫折。然而，再輾轉數十年之後的我，自從大學教職退休下來，於 2018 年 1 月起我非常榮幸受聘擔任元華文創股份有限公司出版【臺灣政經史系列叢書】的主編。

上述該系列叢書出版了第一輯 10 本，目前正依計畫陸續出版第二輯 10 本。我樂在此編寫的生活日子，想繼續完成我的編輯夢，才又有機會開始回到自己青年時期未能完成的心願。

溯自 2014 年 7 月我開始每日以約 5 百字的方式，記下自己每日的所學、所思、所感心得。目前亦以同樣的書寫方式，並利用搭捷運到中央警察大學和臺北城市大學兼課的車上，藉有座位可方便運用的片刻，記下「通勤隨筆」的文字，以利未來彙集出版【溫州街瑣記系列】。(2020.12.24)

70 論著的目錄表

我在初中的時候受到我家二姊的影響，養成喜歡閱讀的習慣。高中又受到歷史老師張強和大學時期國文老師曹昇的鼓勵，開始嘗試在刊物發表作品。所以在服完兵役之後，希望能「從文」的進入出版工作，但未如願地轉而「從商」，又因不是自己喜歡的工作，轉而「從政」界服務，卻因身體健康未能負荷。直到 49 歲那年「從學」，才讓自己完全地安定下來。

記得有天看到徐復觀自述的提到，他是在 49 歲年紀的時候「從軍」少將退下來，「從學」到東海大學專職教書，因感自己的起步較晚，憤而在教學、研究與著書的時間運用上特別加倍努力。

多年來我深受徐復觀教授這精神的影響，也時時刻刻提醒為自己而寫，書寫終究是一種梳理自身想法的最好方式。如今到了古稀之年，回頭檢視自己也整理一篇「陳天授 70 論著目錄表」，聊以自勉繼續努力向前邁進。

論文和著作的目錄表編製，除了我自身受到圖書館學的訓練之外，溯自大學時期我的構思與撰寫【近代學人著作書目提要】，和研究胡適思想的需要。我至今還保存 1970 年 12 月 20 日我在輔仁大學校門口對面新葉書局買費海璣著的《胡適著作研究論文集》，這書由臺灣商務印書館於當年 7

月剛出版的新書，全書的最後有篇附錄，是徐高阮作〈胡適先生中文遺稿目錄〉。

徐氏指出，胡適之先生留下約一百萬字未發表和本不要發表的中文稿，包括論文、札記、論學的信、詩歌及中國詩歌選，總計單面二百字稿紙近四千頁，雜樣稿紙、便條紙、卡片七百多頁，都保存在他最後三年多(民國四十七年十一月到五十一年二月)在南港本院(中央研究院)內的住宅裏。

徐氏還特別指出，這個目錄分二十一組，編製的方法是想儘量使學術界不只從目錄看到胡先生的遺稿的內容，而且看到他工作的歷程，思索的路線，以及他保存自己的著作的習慣。

我在 2016 年出版的《文學、文獻與文創——陳天授 65 作品自選集》書中，曾列出我的主要作品目錄。現在我自編的「陳天授 70 論著目錄表」，特別做了一些增修的工作，希望也能達成如徐氏編製〈胡適先生中文遺稿目錄〉的一點點功用，我就覺得非常有意義了。(2020.12.24)

名稱 / 年月	陳天授 70 論著目錄表 2020 年 12 月初輯
1968	8 月〈從王尚義到野鴿子的黃昏〉
1972	5 月〈從三院圖書館到聯合目錄編製之芻議〉 6 月 09 日〈胡適之先生著作書目提要〉 6 月 09 日〈胡適選集介紹〉 6 月 09 日〈我們的方向——走進圖書館〉

	11 月 16 日〈學術研究在臺灣〉
	12 月 18 日〈理想中的大學校園〉
1973	2 月〈《胡適留學日記》底透視〉
	3 月 29 日〈論大學教育與大學圖書館〉
	5 月 02 日〈不為也，非不能也！〉
	6 月 12 日〈請賜給農民精神食糧〉
	6 月〈有待加強的臺灣公共圖書館事業〉
	12 月 08 日〈大學生與國家的現代化〉
1974	4 月〈挺立於能源風暴中的臺灣〉
	5 月〈勞工的真正問題在哪裡？〉
	9 月〈臺灣公共圖書館事業發展的障礙在那裡？〉
1975-85	〈文學的夢裡夢外——詩的記憶〉輯(初稿)
	〈惆悵舊歡如夢——散文的記憶〉輯(初稿)
1986	2 月〈中共經濟政策之研究〉(初稿)。
1987	2 月《中小企業財務管理的改善方案之研究——臺灣的中小企業為中心》
	4 月 15 日〈臺灣產業發展策略與兩岸關係〉
	6 月 7-13 日〈開啟知識的寶庫〉
	6 月 15 日〈從組織觀點探討當前我國圖書館組織〉
	7 月 10 日〈一段往事——我構思撰寫「近代學人著作書目提要」的經過〉
	8 月 01 日〈文化別館〉
	8 月 03 日〈豐收之行——韓國國會圖書館印象記〉
	8 月 08 日〈善利其器〉
	8 月 15 日〈相看兩不厭〉

8 月 22 日〈上窮碧落下黃泉〉

8 月 29 日〈一架飛機百萬本書〉

8 月〈立法資訊服務〉

9 月 04 日〈理想與現實〉

9 月 05 日〈藏書樓不褪色〉

9 月 11 日〈資源共享〉

9 月 12 日〈改變中國的書〉

9 月 19 日〈休閒新義〉

9 月 21 日〈鄉愁，卻上心頭〉

9 月 24 日〈書櫥的聯想〉

9 月 26 日〈文化奇蹟〉

10 月 05 日〈且看好戲上演〉

10 月 10 日〈有感於富裕中的貧窮〉

10 月 15 日〈資料會說話〉

10 月 17 日〈選中國之美〉

10 月 24 日〈踏實、穩健邁向資訊的大道上〉

10 月 31 日〈人才第一〉

11 月 07 日〈贏取尊敬〉

11 月 10 日〈共享成長的喜悅〉

11 月 14 日〈君子而時中〉

11 月 21 日〈中國人的光輝〉

11 月 28 日〈文學入門〉

12 月 05 日〈一生的讀書計畫〉

12 月 12 日〈資訊與決策〉

12 月 21 日〈據論語把算盤〉

	12 月 23 日〈再談資料會說話〉
	12 月 26 日〈活出知書達禮的民族來〉
	12 月 26 日〈淺談資訊服務〉
	12 月 30 日〈經濟發展與企業責任(上)〉
	12 月 31 日〈經濟發展與企業責任(下)〉
1988	1 月 09 日〈醫生夫人的一天〉
	1 月 13 日〈與星星為伍的女人〉
	1 月 16 日〈亦母亦師亦友〉
	1 月 19 日〈姐姐的心願〉
	1 月 23 日〈舊社會的新女性〉
	1 月 26 日〈哲學家的妹妹〉
	1 月 30 日〈節儉持家〉
	2 月 01 日〈愛如己出〉
	2 月 06 日〈愛，本不在金珠寶石間〉
	2 月 10 日〈恩師‧慈母‧嚴父〉
	2 月 13 日〈心目中的理想先生〉
	2 月 25 日〈孫欲養而親不待〉
	3 月 03 日〈三談資料會說話〉
	3 月 04 日〈母愛治癒悲痛心靈〉
	3 月 14 日〈先成富婆再做大使夫人〉
	3 月 19 日〈賭徒夫人〉
	3 月 27 日〈先生志盡大孝〉
	4 月 03 日〈健康是幸福的泉源〉
	4 月 10 日〈我國中小企業的困境與因應之道〉
	4 月 11 日〈愛的回憶〉

4 月 17 日〈假若心中有愛〉

4 月 25 日〈汝若再說謊，汝將來便成竊盜〉

5 月 06 日〈勵子從軍〉

5 月 12 日〈電文救夫〉

5 月 24 日〈風雨雪浪甜酸苦辣〉

5 月 25 日〈我國中小企業人才的培育與發展〉

6 月 05 日〈包辦式婚姻又何妨〉

6 月 12 日〈做一位受尊敬的女人〉

6 月 17 日〈夫唱婦隨〉

6 月 27 日〈朝鮮才女不辱使命〉

7 月 04 日〈母親的啟蒙〉

7 月 18 日〈買得青山伴妳埋〉

8 月 08 日〈相國媳婦〉

8 月 14 日〈祖母是活觀音〉

8 月 21 日〈糟糠之妻〉

8 月 27 日〈女子無才便是德〉

9 月 08 日〈不被擊倒的羸弱女子〉

9 月 15 日〈深曉民族大義的母親〉

9 月 30 日〈崇尚自由精神的院長夫人〉

10 月 07 日〈生以師為尊〉

10 月 17 日〈我愛我的先生〉

10 月 24 日〈只有愛沒有恨〉

10 月 31 日〈母愛是成功關鍵〉

11 月 04 日〈再披禮服的高齡新娘〉

11 月 14 日〈想發財必須求助於妻子〉

	11 月 18 日〈女人的《戰爭與和平》〉
	11 月 19 日〈維特的情人〉
	12 月 02 日〈寇脫的故事〉
	12 月 06 日〈組織變革與企業成長〉
	12 月 10 日〈環保運動的女先覺者〉
	12 月 15 日〈以做一個中國人的妻子為榮〉
	12 月 20 日〈模範母親〉
	12 月 24 日〈她就是一首詩〉
	12 月 30 日〈經濟發展與生活素質〉
1989	1 月 08 日〈女丈夫〉
	1 月 12 日〈聖女珍恩〉
	1 月 20 日〈《咆哮山莊》的女主人〉
	1 月 26 日〈引發大戰的小貴婦〉
	1 月 30 日〈趙博士的女菩薩〉
	2 月 14 日〈捨驢救子的義母〉
	2 月 23 日〈我懂得我的丈夫〉
	2 月 26 日〈富而不驕的小洛夫人〉
	3 月 12 日〈現代經濟學之母〉
	3 月 20 日〈不講求婚禮的女科學家〉
	4 月 01 日〈崇尚醫德的女大夫〉
	4 月 11 日〈愛是人生最大的試煉〉
	4 月 16 日〈讓孩子出生在自己的國土上〉
	4 月 20 日〈一盞油燈一盤豆腐〉
	4 月 24 日〈她是位誠摯的族長〉
	4 月 30 日〈絕不可寵壞自己〉

	5 月 06 日〈深具影響力的女秘書〉
	5 月 12 日〈富憐憫心者乃是幸福者〉
	5 月 23 日〈五易其居〉
	6 月 01 日〈賑濟飢民王太夫人〉
	6 月 11 日〈英雄配佳人〉
	6 月 22 日〈媽媽的願望〉
	7 月 09 日〈太太！我由衷地感謝妳〉
	7 月 25 日〈小故事大道理〉
	8 月 11 日〈哥哥們的精神支柱〉
	8 月 21 日〈拯救祖國的農家女〉
	8 月 25 日〈母與子〉
	9 月 04 日〈拚命戒煙毒〉
	9 月 19 日〈助人為快樂之本〉
	12 月 02 日〈好，還要更好〉
	12 月《上班族股票投資指南》、《證券投資百科》出版
1990	1 月 11 日〈因勢引導〉
	1 月 15 日〈教我如何不想她〉
	2 月 15 日〈飲水思源〉
	2 月 16 日〈影響我最深的人〉
	3 月 08 日〈犧牲小我的精神〉
	3 月 26 日〈秋雨秋風愁煞人〉
	4 月 24 日〈一切榮耀歸功於母親〉
	4 月 27 日〈模範夫妻〉
	5 月 07 日〈母親我最珍視的人〉

	6 月 11 日〈走向文學創作之路〉
	7 月 02 日〈女教育家〉
	7 月 03 日〈愛國愛人重於自己〉
	7 月 22 日〈文學導師〉
	9 月 10 日〈無此太太日子不好過〉
1991	2 月 07 日〈堅強勇敢的女性〉
1992	5 月〈LED 車體電腦看板在選舉之運用〉
	5 月《為有源頭活水來》出版
1993	8 月 02 日〈臺灣威權政經體制的變遷〉
1994	6 月〈試析唐太宗的人力資源策略〉
1995	1 月〈戰後臺灣經濟發展的觀點之探討〉
	6 月〈一九五〇年代臺灣經濟發展策略的經驗〉
	7 月〈一九六〇年代臺灣經濟發展策略的經驗〉
	8 月〈一九七〇年代臺灣經濟發展策略的經驗〉
	9 月〈一九八〇年代臺灣經濟發展策略的經驗〉
	9 月〈策略管理與臺灣發展經驗〉
1996	3 月《臺灣政經發展策略》出版
	6 月《戰後臺灣產業發展之研究——政府角色的分析》出版
	12 月 16 日〈我國產業發展中的政府角色分析〉
	12 月〈管理人際〉
1997	1 月 18 日〈話說管理——兼談工作中的人際關係〉
	1 月〈管理溝通——企業組織的意見交流〉
	2 月〈管理資訊——後工業時代企業的組織與管理〉

	3 月〈管理規劃──以組織犯罪防治條例的制定過程為例〉
	4 月〈臺灣產業發展策略與兩岸關係〉
	5 月〈管理策略 ── 以臺灣產業發展策略的分析為例〉
	5 月〈臺灣政經體制與產業發展的演變〉
	5 月〈戰後臺灣產業發展之研究 ── 政府角色分析〉
	8 月 15 日〈臺灣政經發展略〉
1998	6 月〈話說管理〉
	8 月 27 日〈臺灣產業發展與政策之探討〉
	10 月 02 日〈培根的知識即力量〉
	10 月 09 日〈托佛勒的第三波社會〉
	10 月 16 日〈專訪林志穎《大兵日記》的撰寫與出版〉
	10 月 23 日〈胡適的考證癖〉
	10 月 30 日〈胡適的愛情觀〉
	11 月 06 日〈專訪國家圖書館館長莊芳榮博士〉
	11 月 13 日〈梁啟超的飲冰室〉
	11 月 20 日〈趙麗蓮的鵝媽媽由來〉
	11 月 27 日〈王雲五的終身學習〉
	12 月 04 日〈張大千的百日和尚〉
	12 月 11 日〈專訪國立空中大學校長黃深勳博士〉
	12 月 18 日〈杜拉克的管理世界〉
	12 月 25 日〈杜拉克的知識整合〉

1999	1 月 01 日〈林語堂的寫作樂趣〉
	1 月 08 日〈林語堂的讀書方法〉
	1 月 15 日〈蘇東坡的世間學問〉
	1 月 22 日〈蘇東坡的哲理故事〉
	1 月 29 日〈富蘭克林的建立第一座公共圖書館〉
	2 月 05 日〈富蘭克林的修身計畫〉
	2 月 12 日〈松下幸之助的電器發明〉
	2 月 19 日〈松下幸之助的自來水庫管理哲學〉
	2 月 26 日〈愛迪生的發明天才〉
	3 月 05 日〈愛迪生的自動表決機〉
	3 月 12 日〈戴明的生命即品管〉
	3 月 19 日〈愛因斯坦的鞋匠工作〉
	3 月 26 日〈愛因斯坦的成功原則〉
	4 月 02 日〈拿破崙的隨身三寶〉
	4 月 09 日〈愛默生的樂觀主義〉
	4 月 16 日〈錢鍾書的免俗為學〉
	4 月 23 日〈梁實秋的翻譯三條件〉
	4 月 30 日〈徐志摩的單純信仰〉
	5 月 07 日〈林肯的信用資本〉
	5 月 14 日〈華盛頓的田園生活〉
	5 月 21 日〈甘地的把握真理〉
	5 月 28 日〈牛頓的飲水思源〉
	6 月 04 日〈諾貝爾的和平願望〉
	6 月 11 日〈傅利曼的自由經濟〉
	6 月 18 日〈袁了凡的命運觀點〉

	6月25日〈史懷哲的人道精神〉
2000	6月〈臺灣產業政策：1945-1999〉
	6月〈我國政經體制與產業發展之研究——兼論國家發展策略〉
	12月〈臺灣企業與政府間的互動關係〈上〉：1624-1945〉
2001	5月03日〈兩岸政策不定企業無所適從〉
	5月07日〈加速推動兩岸產業的互補結盟模式〉
	5月10日〈從兩岸共同市場邁向經濟整合之路〉
	5月15日〈兩岸企業租稅改革面面觀〉
	5月21日〈知識經濟時代兩岸產業發展競爭優勢〉
	5月23日〈加強兩岸「第三類交流」正是時候〉
	5月29日〈論兩岸貿易創造與貿易轉移效果〉
	5月〈政策制定——組織犯罪防治條例立法過程之評析〉
	6月05日〈兩岸簽署投資保障協定勢在必行〉
	6月13日〈兩岸經貿鐘擺盪向企業的重要時刻〉
	6月18日〈兩岸經貿切勿重蹈保護主義之覆轍〉
	6月〈戰前臺灣企業發展與政治經濟學之研究〉
	6月〈戰後臺灣企業與政府間的互動關係〉
	12月〈戰前臺灣產發展與兩岸經貿關係〉
2002	6月〈戰後臺灣產發展與兩岸經貿關係〉
	7月〈戰後臺灣產發展的政治經濟分析〉
	9月〈政經轉型與警察角色變遷之研究〉

2003	7 月〈臺灣產業發展的在地化與國際化探討〉 9 月〈資本主義與臺灣產業發展之研究〉
2004	5 月 25 日〈臺灣殖民化經濟警察角色演變之探討 (1895-1945)〉 8 月〈臺灣殖民體制與資本主義發展(1895-1945)〉
2005	6 月 25 日〈全球化與臺灣經濟發展策略〉 6 月〈臺灣清治時期的經濟政策與發展 (1683-1895)〉 9 月 04 日〈臺灣明清時期媽祖文化與市場經濟之探討〉 11 月 22 日〈經濟倫理之意涵：兼論警察在自由市場中的角色〉
2006	5 月 30 日〈論經濟學與警察學的整合發展之研究〉 7 月〈重商主義的中挫：臺灣荷鄭時期經濟政策與發展〉 9 月《揭開致富面紗：臺灣經濟發展史略》出版 10 月 13 日〈媽祖文明經濟圈與兩岸貿易發展〉 11 月 29 日〈經濟發展與國家安全的兩難困境探討——臺灣發展安全產業策略之芻議〉
2007	5 月 22 日〈再論經濟學與警察學的整合發展之研究〉 9 月《文化創意與產業發展》出版 12 月 04 日〈近代經濟思潮與臺灣產業發展〉
2008	5 月 27 日〈臺灣傳統治安與產業發展的歷史變遷

	之研究(1624-1895)〉 7 月 05 日〈臺灣近代化改革中政府的產業政策之研究〉 11 月 25 日〈個人財務規劃〉 11 月 28 日〈臺灣媽祖信仰與近代企業的形成〉 12 月〈近代臺灣政經體制與警察關係的演變之探討〉
2009	2 月《臺灣經濟發展史》出版 5 月 12 日〈警察經濟論〉 9 月《臺灣創意產業與策略管理》出版 11 月 17 日〈制度變遷：國民政府大陸時期警政發展(1912-1949)〉 12 月 11 日〈媽祖信仰傳播與東亞文化產業園區的建構〉
2010	1 月 27 日〈臺灣重商主義文化的形成與轉折〉 2 月《臺灣治安制度史——警察與政治經濟的對話》出版 9 月 26 日〈發展文化創意產業的政府角色分析——以臺灣媽祖信仰為例〉 10 月 26 日〈通識教育的科際性整合思維——以探討臺灣治安史的結構與變遷為例〉
2011	1 月 20 日〈21 世紀是文創產業的時代——從產業競爭、產業文化到文創產業的發展〉 4 月 17 日〈兩岸城市文創產業發展的趨勢與展望——臺北淡水老街與山東臺兒莊古城的比較〉

	5 月 31 日〈論警察的民主與人文素養——以日治中期臺灣設置議會及新文化運動為例(1920-1937)〉 7 月 8 日〈媽祖文化傳播與企業客製型服務之探討〉 11 月 1 日、7 日〈警察與國家發展〉 11 月 24 日 〈城市美學的形塑與全球化挑戰——比較臺灣臺南與韓國慶洲的城市樣貌特色〉 12 月〈明清時期漳商與臺灣產業結構的關係——以漳商「在臺落業」為中心的探討〉 12 月〈紀行臺兒莊古城〉
2012	5 月 8 日〈從異質文化到多元文化：臺灣隘制、治安與族群關係的變遷(1768-1920)〉 8 月《臺灣治安史研究——警察與政經體制關係的演變》出版 11 月 18 日〈閩南文化傳播與臺灣發展文化創意產業——地緣經濟的研究途徑〉
2013	4 月 19 日 〈臺灣警察法制歷史的省察——從傳統、軍管到警管治安〉 7 月 07 日〈論檔案與文獻的整合應用——以研究臺灣治安史為例〉 9 月《文創產業與城市行銷》出版 10 月 14 日《臺灣警政發展史》(第一章)〈警察與國家發展之關係〉 11 月 05 日〈歷史警學建立的嘗試：我的「臺灣

	治安史」研究、教學與書寫〉
2014	2 月〈參訪 731 部隊遺址及其聯想〉
	3 月 01 日〈臺灣地方自治與警政發展〉
	5 月 25 日〈清治臺灣紀遊文獻中治安性議題之探討──兼論檔案文獻資訊化〉
	6 月〈追憶「山東流亡學生」在澎湖的一段史事〉
	7 月 05 日《拙耕園瑣記》〈卷首語〉
	7 月 06 日〈一樣努力兩樣情〉
	7 月 07 日〈戒嚴大師之死〉
	7 月 08 日〈七七有兩種〉
	7 月 09 日〈從庶民經濟到小確幸〉
	7 月 10 日〈世足賽的政治經濟學〉
	7 月 11 日〈城市治理與地方產業〉
	7 月 12 日〈變了色的「臺灣長白山」〉
	7 月 13 日〈電影產業與名聲經濟〉
	7 月 14 日〈喜見「李榮春文學館」〉
	7 月 15 日〈為「萬華分局大樓石碑」請命〉
	7 月 16 日〈預祝阿里山森林鐵路申遺成功〉
	7 月 17 日〈沈從文與金城武的產業效應〉
	7 月 18 日〈記一件言論不自由的切身事〉
	7 月 19 日〈呼籲《蔣中正日記》能保存在臺灣〉
	7 月 20 日〈「牡丹社事件」釋疑〉
	7 月 21 日〈只有夕陽產業沒有夕陽產品〉
	7 月 22 日〈臺灣新生報與臺灣新生〉
	7 月 23 日〈我家後面有小溪〉

7 月 24 日〈澎湖空難話澎湖〉

7 月 25 日〈吃水果拜樹頭〉

7 月 26 日〈記憶中的那兩大棵老土芒果樹〉

7 月 27 日〈宋江陣頭競藝〉

7 月 28 日〈再憶老家芒果樹〉

7 月 29 日〈溫州街 96 巷 10 號那檔事〉

7 月 30 日〈「為維護臺灣文化的主體性」在哪裡？〉

7 月 31 日〈蟾蜍山文化景觀的聯想〉

8 月 01 日〈豈止 慘 慘 慘 3 個字了得〉

8 月 02 日〈再為「國土安全部」催生〉

8 月 03 日〈請讓港都再度注入活水〉

8 月 04 日〈城市的公共安全與治理〉

8 月 05 日〈明華園歌仔戲與臺灣原聲童聲合唱團〉

8 月 06 日〈百年城牆百年希望〉

8 月 07 日〈臺北刑務所與成立臺灣治安史研究中心〉

8 月 08 日〈同是民國七年生〉

8 月 09 日〈中元普渡與安溪福安宮〉

8 月 10 日〈「祈禱」歌聲的思想起〉

8 月 11 日〈宛如讀一部《戰後臺灣經濟史》〉

8 月 12 日〈「博物館法」草案與「蚊子館」之譏〉

8 月 13 日〈《文訊》雜誌史料數位化的歷史意義〉

8 月 14 日〈第一次品嚐日本蘋果〉

8 月 15 日〈一個城市的過去與未來〉

8 月 16 日〈安溪寮舊事〉

8 月 17 日〈靠山吃山靠糖吃糖〉

8 月 18 日〈我的「無米樂」故鄉〉

8 月 19 日〈記一則感人的真實故事〉

8 月 20 日〈拔草時的「一」字型排開〉

8 月 21 日〈出外，路生著嘴裡〉

8 月 23 日〈冬晨裡的小販叫賣聲〉

8 月 24 日〈看「戲尾」〉

8 月 25 日〈學校註冊費〉

8 月 26 日〈腳踏車與鐵牛車〉

8 月 27 日〈不是護士也能做好的事〉

8 月 28 日〈一碗肉丸〉

8 月 30 日〈設置「總統」圖書館之我見〉

8 月 31 日〈每天寫上七百字〉

8 月〈繼《臺灣警政發展史》之後── 參加「警察通識教育圓桌論壇」有感〉

9 月 01 日〈白糖充當零食的妙用〉

9 月 02 日〈十分感激十分愧疚〉

9 月 03 日〈睹舊作憶親人〉

9 月 04 日〈大師風範難尋〉

9 月 06 日〈歸鄉──回家的路〉

9 月 07 日〈一生懸命〉

9 月 08 日〈安溪老家的一些軼事〉

9 月 09 日〈「選擇」做會感動人的事〉

9 月 10 日〈「非我之意」的衍義〉

9 月 11 日〈嗜好閱讀「閒書」的啟蒙〉

9 月 12 日〈母親的豬油渣炒空心菜〉

9 月 13 日〈海島史觀與我的臺灣經濟發展史〉

9 月 14 日〈中秋過後的竹筍大菜〉

9 月 15 日〈臺灣人的日本名字〉

9 月 16 日〈唐獎與艾森豪獎的時代意義〉

9 月 17 日〈請多給科技大學的莘莘學子掌聲〉

9 月 18 日〈「Yes」or「No」的蘇格蘭獨立公投〉

9 月 19 日〈百元理髮與小確幸生活〉

9 月 20 日〈發展自己的生活方式〉

9 月 21 日〈幽禁歲月與解密檔案〉

9 月 22 日〈警察與人民的民主素養〉

9 月 24 日〈母親有連續劇《阿信》的身影〉

9 月 25 日〈兒時對甕與罈的記憶〉

9 月 27 日〈故居與圖書館之間〉

9 月 28 日〈教師節憶恩師〉

9 月 29 日〈「無米樂」與「池上米」〉

10 月 01 日〈記結緣媽祖關渡宮〉

10 月 03 日〈大、二膽島的聯想〉

10 月 04 日〈盼望這幸運也能同樣來到〉

10 月 06 日〈媽祖文化與文創產業

10 月 09 日〈我的初次上臺表演〉

10 月 12 日〈又驚喜又驚豔〉

10 月 13 日〈重讀陶淵明詩〉

10 月 15 日〈學校的「鼓藝社」與臺灣民俗藝術〉

10 月 18 日〈記一段我的大學回憶〉

10 月 22 日〈惜字亭與草山派出所的不同下場〉

10 月 25 日〈雨夜花與流行音樂學程〉

10 月 29 日〈試為「文化創意產業的範疇」新解〉

11 月 01 日〈孫運璿故居與在地臺灣化的聯想〉

11 月 05 日〈圖書館的文化創意產業角色〉

11 月 09 日〈人民小確幸與政府大作為〉

11 月 14 日〈研討會與「文創產業學」〉

11 月 18 日〈臺灣清治時期地方自治與治安關係之探討〉

11 月 19 日〈「農村曲」與在地文化產業〉

11 月 22 日〈也談《文化與文創》〉

11 月 26 日〈文資保存與文創產業〉

11 月 30 日〈發展文創產業的兩岸元素〉

12 月 03 日〈話說「文化部的第一里路」〉

12 月 04 日〈莫休灰了文化部長志氣〉

12 月 10 日〈《文獻人生》與文創產業〉

12 月 14 日〈《阿娘‧唱予你聽》的文創音樂力量〉

12 月 17 日〈城市區域化的文創產業發展〉

12 月 18 日〈明華園與傳統藝術表演〉

12 月 21 日〈臺灣發展文創需要有「小確幸」思維〉

12 月 24 日〈發展文創產業的經濟因素之外〉

12 月 29 日〈荷蘭井與文創特色〉

12 月 31 日〈「產業文化化」的難題〉

12 月〈見證臺灣政治民主化歷程——「臺灣省議會史料總庫」宣導活動紀實〉

2015	1 月 05 日〈「白團」和「富士俱樂部」檔案的公開化〉
	1 月 07 日〈江蕙封麥與文創流行音樂〉
	1 月 12 日〈馬政府、高鐵與城市區域文創產業的型塑〉
	1 月 14 日〈清大「月涵堂」代表的文創意涵〉
	1 月 19 日〈兩岸百年來的百位大師典範〉
	1 月 21 日〈從推動新文化到發展文創的角色〉
	1 月 22 日〈出生在大正時期的臺灣人宿命〉
	1 月 23 日〈發展米糖文創產業之我思〉
	1 月 24 日〈文化部、交通部與鐵道文創產業〉
	1 月 26 日〈臺灣的文學與文創〉
	1 月 27 日〈「蔣經國圖書館」的在地化文創思維〉
	1 月 28 日〈借鏡韓國的發展影視文創產業〉
	1 月 29 日〈繁體漢字鮮明臺灣視覺文創的特色〉
	1 月 30 日〈創意、創業與文創〉
	1 月 31 日〈中影文化城與發展電影文創產業〉
	2 月 01 日〈臺灣殖民地傷痕的文創性產業思考〉
	2 月 02 日〈臺灣流行音樂勾起我的一段回憶〉
	2 月 04 日〈臺灣殖民歷史與「國家檔案館」的省思〉
	2 月 05 日〈政府應該當「文創平臺」〉
	2 月 06 日〈文學題材的電影文創〉
	2 月 07 日〈故宮南院要建立在地化文創的模範〉
	2 月 09 日〈「媽祖文化節」的凸顯臺灣傳統工藝文創〉

	2 月 10 日〈古建築的鄉土文化價值〉
	2 月 12 日〈書法藝術的文字視覺之美〉
	2 月 14 日〈三位行政院文化獎的連環想〉
	2 月 17 日〈郎靜山攝影藝術的視覺文創〉
	2 月 19 日〈微型城市與媽祖文化園區〉
	2 月 23 日〈舊居、故居、紀念館的發展文創角色〉
	2 月〈平論日治臺灣時期治安的檔案與文獻──警察與國家發展的研究途徑〉
	3 月 05 日〈楊逵子孫的守護「東海花園」故居地〉
	3 月 07 日〈為保留臺北機廠的文化部鼓掌〉
	3 月 19 日〈明華園傳統藝術表演的創意與傳承〉
	3 月 30 日〈我家祖厝史小考〉
	4 月 03 日〈清明時節潤餅的美食文化〉
	4 月 05 日〈慎終追遠文化的生活美學〉
	4 月 10 日〈「寡婦樓」被夷平的文化感慨〉
	4 月 12 日〈吳家舊宅的「府城歷史之窗」〉
	4 月 15 日〈以流行音樂文創紀念兩位名家〉
	4 月 18 日〈文創產業政策的政治經濟學省思〉
	4 月 25 日〈以創意整合生活產業的飲食文化〉
	5 月 02 日〈《賽德克‧巴萊》的在地歷史性電影文創〉
	5 月 08 日〈「古蹟仙」林衡道的在地文創底蘊〉
	5 月 11 日〈以創意整合生活產業的飲食文化。
	5 月 15 日〈詩品文學生命的文創效益〉
	5 月 22 日〈《有限合夥法》(草案)與社區文創的

推展〉

5 月 30 日〈紀錄片影像文創的歷史文獻意義〉

6 月 07 日〈《藝術家》雜誌與「文化部長」〉

6 月 13 日〈文化中心與文創園區〉

6 月 19 日〈蘆洲李宅祖厝的家族歷史記憶〉

6 月 26 日〈臺北二二八紀念館與典藏臺灣歷史文物〉

6 月 28 日〈金曲獎頒獎與彩色派對粉塵爆的兩樣情〉

7 月 01 日〈文化中心與文創園區〉

7 月 05 日〈策展平臺的締造文創風華〉

7 月 10 日〈宜蘭之旅的文化紀事〉

7 月 11 日〈傳統大木作建築藝術的傳承〉

7 月 15 日〈木村拓哉與《華麗一族》影集〉

7 月 20 日〈後壁區安溪寮頂安里陳氏源流考(一)〉

7 月 23 日〈後壁區安溪寮頂安里陳氏源流考(二)〉

7 月 24 日〈後壁區安溪寮頂安里陳氏源流考(三)〉

7 月 26 日〈後壁區安溪寮頂安里陳氏源流考(四)〉

7 月〈日治時期警察政治及其影響〉

8 月 01 日〈後壁區安溪寮頂安里陳氏源流考(五)〉

8 月 02 日〈後壁區安溪寮頂安里陳氏源流考(六)〉

8 月 04 日〈培根的知識與紀昀的寶庫〉

8 月 05 日〈托佛勒的第三波社會〉

8 月 06 日〈專訪林德雄、林志穎父子〉

8 月 07 日〈胡適的考證癖〉

8 月 08 日〈父親的退休金〉

8 月 09 日〈父親節過後的思念〉

8 月 12 日〈胡適的夫妻愛〉

8 月 13 日〈曾祖母的小腳與遺畫像〉

8 月 14 日〈梁啟超的飲冰室〉

8 月 15 日〈趙麗蓮的知識傳承〉

8 月 16 日〈王雲五的終身學習〉

8 月 17 日〈祖母的纏足解放與生命解脫〉

8 月 18 日〈後壁區安溪寮金紫戲院的風華與滄桑〉

8 月 19 日〈後壁區安溪國小的百年歷史記憶〉

8 月 21 日〈《後壁鄉志》補遺〉

8 月 29 日〈張大千的詩書畫世界〉

8 月 30 日〈羅蘭的廣播小語憶二姊〉

8 月 31 日〈杜拉克的旁觀者管理特色〉

9 月 01 日〈杜拉克的知識型社會〉

9 月 04 日〈林語堂的生活樂趣〉

9 月 05 日〈林語堂的讀書與創作〉

9 月 06 日〈母親熬雞湯的好廚藝〉

9 月 09 日〈父親閩南語、日語與國語的習題〉

9 月 11 日〈吳新榮與臺南縣參議員〉

9 月 16 日〈策展平臺的締造文創風華〉

9 月 21 日〈讀〈記小雅園山房主人〉有感〉

9 月 27 日〈中秋節話葉石濤的《從府城到舊城》〉

10 月 05 日〈沒有土地，哪有文學〉

10 月 09 日〈「葉石濤文學紀念館」的友愛街聯想〉

	10 月 18 日〈楊逵臺灣新文學的土地之愛〉
	10 月 25 日〈我的文藝青年之夢〉
	10 月〈研究臺灣傳統治安史時期的時代意義〉
	11 月《警察與國家發展──臺灣治安史的結構與變遷》出版
	11 月 01 日〈北白川宮能久親王的臺南後壁區安溪寮遇刺?〉
	11 月 17 日〈戰後臺灣初期治安與文學關係之探討──以 1945-1949 吳新榮為例〉
	12 月 18 日〈從文學、文獻到文創〉
	12 月 20 日〈林豪《東瀛紀事》的臺南後壁區安溪寮記述〉
	12 月 23 日〈明華園的表演藝術〉
	12 月 25 日〈下加冬與劉却的起事議題〉
	12 月 29 日〈下茄苳堡張丙與沈知起事的反思〉
	12 月 30 日〈店仔口吳志高與白水溪教案事件〉
	12 月 30 日〈清華大學「月涵堂」的文創意涵〉
	12 月〈淺介清代臺灣方志治安記述〉
2016	1 月 03 日〈新年、新書與新運〉
	1 月 05 日〈烏樹林糖廠日式宿舍印象記〉
	1 月 06 日〈從鍾肇政得獎的感言談起〉
	1 月 07 日〈江蕙與流行音樂〉
	1 月 14 日〈臺灣發展文創產業的兩岸元素〉
	1 月 21 日〈《蔣中正日記》檔案的歷史性意義〉
	1 月 24 日〈安溪寮陂、嘉南大圳、白河水庫〉

	1月29日〈周子瑜事件與臺灣發展影視之聯想〉
	2月《文學、文獻與文創──陳天授65作品自選集》出版
	2月05日〈城市美學與殖民地傷痕〉
	2月07日〈嘉南平原大地震話白河記憶〉
	2月11日〈平凡人成就不平凡事〉
	2月13日〈「阿罩霧風雲」的拍照一部家族史〉
	2月18日〈北門古蹟、三井倉庫與臺北古城〉
	2月20日〈南臺大地震的震出人類愛與世間情〉
	2月22日〈後壁泰安宮與吳志高卒年考〉
	2月24日〈臺北國際書展的出版業外部經濟〉
	3月03日〈為打造「南海文化園區」喝采〉
	3月09日〈讀《臺南縣志》筆記〉
	3月14日〈讀《臺南縣志》筆記(二)〉
	3月16日〈國家檔案館與國家現代化〉
	3月19日〈讀《臺南縣志》筆記(三)〉
	3月24日〈讀《臺南縣志》筆記(四)〉
	3月24日〈善用故宮博物院的文創優勢〉
	3月30日〈讀《臺南縣志》筆記(五)〉
	3月30日〈「媽祖文化季」的細緻化與國際化〉
	4月01日〈讀《臺南縣志》筆記(六)〉
	4月02日〈朱一貴夜遁下加冬與徐朱家族考〉
	4月03日〈吳球是臺南市東山區聖賢里人?〉
	4月05日〈我的學甲虱目魚記憶〉
	4月06日〈後壁安溪寮派出所印象記〉

6月15日〈也談「數位資源的保存與利用」〉

6月22日〈閱讀、書寫與出版的三角習題〉

6月24日〈陳立勳墾業與下茄苳開發〉

6月29日〈圖書、圖書館與圖書館學〉

7月01日〈茄芷袋到臺客包的產品創新〉

7月06日〈三論影視音人才的培育與就業〉

7月08日〈曬書、書櫥與送書〉

7月13日〈左營舊城的重現與重建〉

7月17日〈香蕉串起的回味〉

7月20日〈四論影視音人才的培育與就業〉

7月24日〈研究室整理與浮生65的感嘆〉

7月27日〈政府應善用我領有南海主權的檔案〉

7月29日〈溽暑憶起清涼綠豆湯〉

8月03日〈國史館、國圖館與巡迴書展〉

8月04日〈陳政三譯註《福爾摩沙島的過去與現在》〉

8月08日〈父親的內心世界會怎麼想？〉

8月10日〈前南菜園宿舍群的文化記述〉

8月14日〈《金水嬸》與臺灣鄉土文學〉

8月17日〈「精靈寶可夢」的追逐與啟示〉

8月21日〈東京家族電影觀後感〉

8月24日〈五論影視音產業人才的培育與就業〉

8月31日〈鹿港鳳山寺與臺北中華塔〉

9月07日〈故宮博物院擴大工程停擺之我思〉

9月14日〈故居與神木〉

9 月 21 日〈古蹟日與拚觀光〉

9 月 27 日〈史提芬史匹柏的視母親為幸運符〉

9 月 29 日〈綠島家書、補鼎續火與大溪檔案〉

10 月 05 日〈六論影視音產業的人才培育與就業〉

10 月 07 日〈參加「永遠的異鄉人」朗誦活動有感〉

10 月 12 日〈聽唱《燒肉粽》的歌聲與心聲〉

10 月 19 日〈流行音樂歌手榮獲諾貝爾文學獎〉

10 月 21 日〈臺南市東山區吉貝耍(Kabuasua)踏查〉

10 月 26 日〈臺南府城也可以變成國際影城？〉

10 月 27 日〈「鹽水港廳哆囉嘓西堡番社街」地名釋疑〉

11 月 01 日〈評論圖書館借書的「超商化」服務〉

11 月 08 日〈古籍典藏與活化的意義〉

11 月 13 日〈喜獲兩張有紀念意義的文物〉

11 月 15 日〈臺北藝術中心與八煙聚落的癥結〉

11 月 20 日〈城市歷史博物館的古城與府城記憶〉

11 月 22 日〈大稻埕歷史與未來的城市風華再現〉

11 月 24 日〈我的文學夢裡夢外〉

11 月 26 日〈重讀井上靖《我的母親手記》〉

11 月 27 日〈蘇東坡的世間學問〉

11 月 27 日〈蘇東坡的哲理故事〉

11 月 28 日〈富蘭克林建立美國第一座公共圖書館〉

11 月 29 日〈從中華文化總會的改組論金馬獎〉

12 月 02 日〈富蘭克林的修身計畫〉

12 月 06 日〈檔案開放與社會資源的共享性〉

	12 月 08 日〈記一場很有意義的學術研討會〉
	12 月 10 日〈松下幸之助的電器發明〉
	12 月 12 日〈松下幸之助的水庫管理哲學〉
	12 月 13 日〈政治檔案與政治民主化〉
	12 月 15 日〈愛迪生的發明天才〉
	12 月 17 日〈愛迪生的自動表決機〉
	12 月 18 日〈戴明的生命即品管〉
	12 月 19 日〈愛因斯坦的鞋匠工作〉
	12 月 20 日〈樂見臺灣首座圖書館旅店〉
	12 月 21 日〈愛因斯坦的成功原則〉
	12 月 22 日〈拿破崙的隨身三寶〉
	12 月 23 日〈愛默生的樂觀主義〉
	12 月 24 日〈錢鍾書的免俗為學〉
	12 月 27 日〈國民旅遊卡結合地方學的雙贏策略〉
	12 月 28 日〈梁實秋的翻譯三條件〉
	12 月 29 日〈徐志摩的單純信仰〉
	12 月 30 日〈林肯的信用資產〉
	12 月 31 日〈華盛頓的田園生活〉
2017	01 月《臺灣政治經濟思想史論叢(卷一)：資本主義與市場篇》出版
	1 月 01 日〈甘地的崇信真理〉
	1 月 04 日〈田中實加、山崎豐子與出版產業〉
	1 月 07 日〈安溪寮社區施金輝與林志玲的藝文之光〉
	1 月 09 日〈諾貝爾的和平願望〉

1 月 11 日〈寫在 2016 兩書的出版之後〉

1 月 14 日〈傅利曼的自由經濟觀〉

1 月 15 日〈袁了凡的命運觀點〉

1 月 17 日〈陽明山美軍宿舍聚落的歷史記憶與省思〉

1 月 24 日〈菊元百貨市場創新的歷史意涵〉

2 月 01 日〈臺灣燈會與國民美學〉

2 月 08 日〈臺北國際書展與中華文化元素〉

2 月 15 日〈歌仔戲傳統表演藝術的源遠流傳〉

2 月 22 日〈觀光旅遊大展與文化總會改組〉

3 月 01 日〈也談「二二八事件」之我思、我見、我感〉

3 月 08 日〈轉型正義、政治檔案與中正紀念堂〉

3 月 15 日〈憲法法庭、朴槿惠與東亞文化〉

3 月 22 日〈警察角色轉型與國民文化素養〉

3 月 29 日〈同性婚姻、基本人權與儒家文化〉

4 月 05 日〈談民主與人文素養〉

4 月 12 日〈臺灣毒品歷史的悲歌〉

4 月 16 日《生命筆記》〈卷首語〉

4 月 17 日〈生命的不可定義性〉

4 月 19 日〈寫在《文化休閒與文創漫談》書前〉

4 月 19 日〈生命的不可定義性〉(二)

4 月 20 日〈達爾文物種起源論〉

4 月 21 日〈死亡學的興起〉

4 月 22 日〈生死無悔〉

4 月 23 日〈生命品質〉

4 月 24 日〈莎士比亞的死亡定義〉

4 月 26 日〈圍城、邊城、傾城〉

4 月 26 日〈柏拉圖哲學的死亡觀點〉

4 月 27 日〈《西藏生死書》〉

4 月 29 日〈死亡的三個層次〉

4 月 30 日〈生死學的意義〉

5 月 01 日〈傳統生死學〉

5 月 02 日〈現代生死學〉

5 月 03 日〈托爾斯泰的死亡觀〉

5 月 03 日〈資本主義、社會主義與民主〉

5 月 04 日〈雨果《悲慘世界》的正義與罪惡〉

5 月 05 日〈蘿絲的以尊嚴而死亡運動〉

5 月 06 日〈老化與死亡尊嚴〉

5 月 07 日〈史懷哲的生命觀〉

5 月 08 日〈涂爾幹《論自殺》〉

5 月 09 日〈人民作家巴金的長壽觀〉

5 月 10 日〈才女、書寫與人生〉

5 月 10 日〈父親的拔管與不拔管兩難〉

5 月 11 日〈熊彼得的保護生命觀〉

5 月 12 日〈馬爾薩斯的《人口論》〉

5 月 13 日〈史密斯的自利心〉

5 月 14 日〈史懷哲的宗教觀〉

5 月 15 日〈羅素的人道主義情懷〉

5 月 16 日〈宗教的構成要素〉

5 月 17 日〈長照、愛情與文學〉

5 月 17 日〈佛教的生死觀〉

5 月 18 日〈佛教的因緣果報說〉

5 月 19 日〈王梵志的生死詩〉

5 月 20 日〈孔子的生死觀〉

5 月 21 日〈儒家的人間學〉

5 月 22 日〈道家的生死觀〉

5 月 23 日〈生命的探索〉

5 月 24 日〈史懷哲《我的呼籲》〉

5 月 24 日〈總統、主席與選舉〉

5 月 25 日〈羅曼・羅蘭的自然界和平〉

5 月 26 日〈梭羅的萬物之奴說〉

5 月 27 日〈王國維的人生有三境界〉

5 月 28 日〈海明威的小說《殺人者》〉

5 月 29 日〈佛洛依德的潛意識說〉

5 月 30 日〈尼采的人生三變說〉

5 月 31 日〈柏拉圖自我超越的洞穴比喻〉

5 月 31 日〈端午、思親與書寫〉

6 月《我的百歲母親手記─拙耕園故事》出版

6 月 01 日〈黑澤明導演的《活下去》劇〉

6 月 02 日〈胡適的生死打油詩〉

6 月 03 日〈海德格的必死之人說〉

6 月 04 日〈索甲仁波切的《西藏生死書》〉

6 月 05 日〈托佛勒的人類再造新文明〉

6 月 07 日〈杜拉克的生活三優主義〉

6 月 07 日〈暴雨、主席與教父〉

6 月 08 日《大學雜文》〈卷首語：文青時期作品集〉

6 月 09 日〈從三院圖書館到聯合目錄編製之芻議〉

6 月 10 日〈胡適之先生著作書目提要〉

6 月 11 日〈學術研究在臺灣〉

6 月 12 日〈理想中的大學校園〉

6 月 13 日〈胡適留學日記底透視〉

6 月 14 日〈愛臺、賣臺與強權〉

6 月 15 日〈論大學教育與大學圖書館〉

6 月 16 日〈不為也！非不能也！〉

6 月 17 日〈開拓凜然新氣勢〉

6 月 18 日〈請賜農民精神糧食〉

6 月 19 日〈有待加強的臺灣公共圖書館事業〉

6 月 20 日〈大學生與國家現代化〉

6 月 21 日〈官僚、財團與倫理〉

6 月 22 日〈挺立於能源風暴中的臺灣〉

6 月 23 日〈勞工的真正問題在哪裡？〉

6 月 24 日〈書櫥的聯想〉

6 月 25 日〈現實與理想〉

6 月 26 日〈從王尚義到《野鴿子的黃昏》〉

6 月 27 日〈我構思撰寫《近代學人著作書目提要》的經過〉(一)〉

6 月 28 日〈兩市、兩黨與兩岸〉

6 月 29 日〈我構思撰寫《近代學人著作書目提要》

	的經過〉(二)〉
	6 月 30 日〈我構思撰寫《近代學人著作書目提要》的經過〉(三)〉
	7 月 01 日〈我構思撰寫《近代學人著作書目提要》的經過〉(四)〉
	7 月 02 日〈我構思撰寫《近代學人著作書目提要》的經過〉(五)〉
	7 月 03 日〈我構思撰寫《近代學人著作書目提要》的經過〉(六)〉
	7 月 04 日〈我構思撰寫《近代學人著作書目提要》的經過〉(七)〉
	7 月 05 日〈我構思撰寫《近代學人著作書目提要》的經過〉(八)〉
	7 月 05 日〈政府、人民與警察〉
	7 月 06 日〈我構思撰寫《近代學人著作書目提要》的經過〉(九)〉
	7 月 07 日〈我構思撰寫《近代學人著作書目提要》的經過〉(十)〉
	7 月 08 日〈我構思撰寫《近代學人著作書目提要》的經過〉(十一)〉
	7 月 09 日《管理雜談》〈卷首語〉
	7 月 12 日〈移民、多元與史觀〉
	7 月 15 日〈從人文學走向管理學〉
	7 月 17 日〈理論與實務〉
	7 月 19 日〈戒嚴、解嚴與人權〉

9 月 27 日〈妙禪、王禪與媽祖〉

9 月 30 日〈教師節後憶二姊〉

10 月 04 日〈憲法、修憲與憲政〉

10 月 07 日〈文學生命的啟示〉

10 月 11 日〈國慶、國家、國民〉

10 月 13 日〈生命成長的喜悅〉

10 月 14 日〈雨景的聯想〉

10 月 15 日〈生生不息的代代相傳〉

10 月 18 日〈生命、生計與生活〉

10 月 20 日〈北漂文青的記憶〉

10 月 22 日〈三島由紀夫之死〉

10 月 25 日〈西進、南進與前進〉

10 月 28 日〈重陽節憶母親的眼淚〉

11 月 01 日〈強國、弱國與外交〉

11 月 05 日〈鄭清文作家的生命聯想〉

11 月 08 日〈川普、亞洲與中華〉

11 月 12 日〈聯想我無緣的外婆〉

11 月 15 日〈硬力、軟力與巧力〉

11 月 17 日〈胡適一生的通識治學〉

11 月 22 日〈繁體、簡體與正體〉

11 月 23 日〈憶二姊文字的書寫之美〉

11 月 29 日〈違章、違規與違建〉

12 月 03 日〈我的自述性文字〉

12 月 06 日〈慶富、仇富與排富〉

12 月 09 日〈「北投學」的歷史記憶〉

	12月13日〈清貧、清富與清福〉
	12月16日〈如父近四十年〉
	12月20日〈空屋、空難與空島〉
	12月25日〈詩人余光中的永遠鄉愁〉
	12月27日〈勞工、勞團與勞資〉
	12月30日〈歲末話人生階段的轉折〉
2018	1月03日〈元旦、元首與元氣〉
	1月06日〈近代名人文化紀事〉(電子書)校後記
	1月10日〈兩韓、南韓與北韓〉
	1月13日〈這世間事本就不是完美的〉
	1月17日〈本土、土著、定著〉
	1月19日〈轉換人生的另一種心境〉
	1月21日〈我們也曾經擁有〉
	1月24日〈公營、公廣與公共〉
	1月25日〈常懷感恩的心〉
	1月26日〈人生生涯的真難規劃〉
	1月28日〈人間處處顯溫情〉
	1月31日〈比較《臺灣政治經濟思想史論叢》(卷一)與(卷二)的異同〉
	1月31日〈優先、優勢與優劣〉
	2月《臺灣政治經濟思想史論叢(卷二)：社會科學與警察篇》出版
	2月02日〈父親生前的叮嚀〉
	2月03日〈校對書稿憶及親友〉
	2月04日〈夜讀《滄桑十年》的「拂下」記憶〉

4 月 11 日〈祖厝埕園辦慶生餐會〉

4 月 12 日〈祖厝的文創思考〉

4 月 13 日〈祖厝歸屬〉

4 月 15 日〈掃墓記〉

4 月 16 日〈祖厝爭議〉

4 月 17 日〈祖厝埕園的傳承意義〉

4 月 18 日〈蔡賴的府院政策與選舉策略〉

4 月 19 日〈感傷再感傷〉

4 月 20 日〈保護祖厝埕園〉

4 月 22 日〈同理心最美〉

4 月 25 日〈兩韓對談與兩岸軍演〉

4 月 27 日〈此心安處是吾鄉〉

4 月 29 日〈多想跨出去一步即成鄉愁〉

5 月 02 日〈促進轉型正義與新五四運動〉

5 月 09 日〈黨國資本主義復辟〉

5 月 12 日〈讀母親內心裡的話〉

5 月 16 日〈出版自由與文化交流〉

5 月 17 日〈大哥的柔情淚〉

5 月 23 日〈國家人權博物館與政治檔案法〉

5 月 25 日〈母親的田地眷戀〉

5 月 30 日〈中國國民黨的大陸政策〉

6 月 04 日〈母親的大道無言〉

6 月 06 日〈六四天安門事件的省思與聯想〉

6 月 08 日〈書寫的療癒〉

6 月 13 日〈川金會牽動亞洲新局勢〉

6 月 15 日〈父親的病房〉

6 月 20 日〈自由主義與現實主義之間〉

6 月 21 日〈母親是我們家的公共財〉

6 月 24 日〈傳輸中的親情與鄉情〉

6 月 27 日〈美國移民問題面面觀〉

6 月 27 日〈厝地重分割的意義〉

7 月 01 日〈我閱報啟蒙的回憶〉

7 月 04 日〈財團法人法的真正意義〉

7 月 08 日〈臺灣政治經濟思想史論叢(卷三)校後記〉

7 月 10 日〈重讀井上靖的母親手記〉

7 月 11 日〈川普貿易保護政策的政經分析〉

7 月 13 日〈《文創漫談》(電子書)校後記〉

7 月 14 日〈《生活隨筆》(電子書)校後記〉

7 月 15 日〈《生命筆記》(電子書)校後記〉

7 月 18 日〈世界強權國家爭霸賽〉

7 月 20 日〈母親的孤寂〉

7 月 23 日〈女性與文學之外〉

7 月 25 日〈咬警效應與年底地方選舉〉

7 月 27 日〈攜孫赴桃園歸臺北途中雜感〉

7 月 29 日〈恭賀二哥榮膺模範父親感言〉

7 月 31 日〈老友重敘話當年〉

8 月《臺灣政治經濟思想史論叢(卷三)：自由主義與民主篇》出版

8 月 01 日〈臺灣與中華民國意涵的歷史糾葛〉

	8 月 03 日〈祖孫情深〉
	8 月 08 日〈敬獻給先父的父親節禮物〉
	8 月 08 日〈美式民主政治歷史之終結〉
	8 月 10 日〈難忘嘉義中學依風臺〉
	8 月 13 日〈憶母親臺大醫院開刀記〉
	8 月 15 日〈蔡英文總統出訪與臺灣走向〉
	8 月 22 日〈八二三戰役給兩岸關係的啟示〉
	8 月 23 日〈多少感恩多少福報〉
	8 月 27 日〈家在心的深處〉
	8 月 29 日〈救災政治經濟學〉
	8 月 31 日〈政府卻莫似夜梟〉
	9 月 05 日〈中華民國的本土化與臺灣化爭論〉
	9 月 08 日〈親情牽繫鄉情〉
	9 月 12 日〈中華民國就是臺灣最大公約數〉
	9 月 13 日〈日人踹臺南慰安婦銅像的迴響〉
	9 月 19 日〈實難以奢言轉型正義〉
	9 月 20 日〈八田與一與殖民現代性觀點〉
	9 月 24 日〈中秋話白河碧雲寺〉
	9 月 26 日〈假轉型正義與假新聞〉
	9 月 27 日〈教師節前夕感言〉
	9 月 30 日〈記一段與中央廣播電臺結緣的經過〉
	10 月 03 日〈從「孫立人將軍紀念館」說起〉
	10 月 04 日〈臺北秋天涼意的遐想〉
	10 月 07 日〈我的編輯夢〉
	10 月 10 日〈戀戀中華民國的生存與發展〉

10 月 10 日〈中華民國 107 年歲生日感言〉

10 月 11 日〈百歲母親重陽節的珍貴禮物〉

10 月 17 日〈我國能源政策是能這樣用賴的〉

10 月 19 日〈臺灣新文化運動紀念館的聯想〉

10 月 24 日〈再論中華民國本土化與臺灣化的爭論〉

10 月 28 日〈礦泉水與滷肉飯的選舉現象〉

10 月 31 日〈從安倍的訪中論兩岸關係發展〉

11 月 01 日〈懷念金庸筆下喬峰的家國情懷〉

11 月 04 日〈出外人的心聲〉

11 月 07 日〈美國期中選舉考驗「川普主義」〉

11 月 08 日〈母親是楊麗花歌仔戲的粉絲〉

11 月 10 日〈農民的高麗菜眼淚〉

11 月 14 日〈歐戰一百周年與國家民族主義〉

11 月 15 日〈儒家思想的聯想〉

11 月 16 日〈北漂人南下省親〉

11 月 18 日〈曾祖母娘家踏查〉

11 月 19 日〈農地之愛〉

11 月 21 日〈亞太經合會議與東奧正名公投〉

11 月 22 日〈臺灣農村在哭泣〉

11 月 25 日〈城鄉的美麗與哀愁〉

11 月 28 日〈中華民國的民主深化與價值〉

11 月 29 日〈北漂人的思歸客感慨〉

11 月《文創漫談》HyRead ebook(電子書)出版

11 月《生活隨筆》HyRead ebook(電子書) 出版

	11 月《生命筆記》HyRead ebook(電子書) 出版
	12 月 05 日〈G20 峰會、陸美關係與兩岸經貿〉
	12 月 06 日〈圖書館週的記憶〉
	12 月 10 日〈父親到我夢裡來〉
	12 月 12 日〈全球資本主義國家的挑戰〉
	12 月 13 日〈同是北漂青年的話從前〉
	12 月 19 日〈臺美斷交 40 周年與中華民國體制轉型〉
	12 月 20 日〈《胡適全集》出版的文化主體性意涵〉
	12 月 23 日〈虱目魚小吃的聯想〉
	12 月 26 日〈雙城論壇與城市治理〉
	12 月 27 日〈仙桃特產水果的美味〉
	12 月 28 日〈我的「邊緣人」一生〉
	12 月 30 日〈豆花小吃的大事〉
2019	1 月 02 日〈兩岸停火 40 年與中華民國主體性論述〉
	1 月 03 日〈木瓜牛奶汁的聯想〉
	1 月 09 日〈中華民國主體性的「臺灣共識」〉
	1 月 10 日〈旅澳親人回臺的真情感受〉
	1 月 13 日〈威武軍人的柔情孝心〉
	1 月 14 日〈尾牙話政壇滄桑〉
	1 月 16 日〈兩岸關係的「中華共和邦聯」芻議〉
	1 月 17 日〈北漂半百常懷農家好〉
	1 月 20 日〈獲友人贈書有感〉

1 月 23 日〈陸美貿易談判牽動「姓資」「姓社」路線〉

1 月 24 日〈家跟著母親走〉

1 月 25 日〈豬年豬瘟話豬事〉

1 月 26 日〈林清玄身心安頓的禪意書寫〉

1 月 28 日〈何人不起故園情〉

1 月 30 日〈大蕭條再現與新冷戰形成〉

1 月 31 日〈母親的享用桑椹汁〉

2 月 02 日〈幫剪髮顯親情〉

2 月 04 日〈卻恐他鄉勝故鄉〉

2 月 08 日〈父親的遺物與榮譽〉

3 月 06 日〈臺灣 2020 年大選勝負的關鍵議題〉

3 月 07 日〈80 歲兒子 102 歲母親〉

3 月 13 日〈經濟 100 分與政治 0 分的弔詭〉

3 月 14 日〈夢想心中的一座小莊園〉

3 月 20 日〈316 立委補選與政黨政治發展〉

3 月 21 日〈人間有味是清歡〉

3 月 27 日〈韓國瑜的南南合作與自由經濟示範區構想〉

3 月 29 日〈遙望故鄉路〉

4 月 03 日〈中華民國警察的角色與處境〉

4 月 10 日〈《臺灣關係法》與中華民國的生存發展〉

4 月 11 日〈當妳老了的感傷〉

4 月 13 日〈省立嘉義中學二三事〉

	讀後感〉
	10 月 02 日〈八二三炮戰補遺：美軍立場與史慕德將軍回函〉
	10 月 09 日〈從相互主體性論香港問題〉
	10 月 16 日〈誰為中華民國而戰？〉
	10 月 23 日〈再談誰為中華民國而戰〉
	10 月 30 日〈古寧頭與八二三戰役的蔣經國角色〉
	11 月 06 日〈教官、警察與秩序說〉
	11 月 13 日〈柏林圍牆倒塌 30 年的兩岸關係聯想〉
	11 月 20 日〈八二三炮戰檔案文獻補遺 ——以金門防衛副司令高舉調職為個案〉
	11 月 27 日 〈香港區議員選舉結果的意義與省思〉
	12 月《臺南府城文化記述》(紙本和電子書)出版
	12 月 04 日〈顧主權與重政績的兩難困境〉
	12 月 11 日〈國際人權日話臺灣民主〉
	12 月 18 日〈都是國家資本主義惹的禍？〉
	12 月 25 日〈民主開放乎？威權鎖國乎？〉
2020	1 月《臺灣政治經濟思想史論叢(卷四)：民族主義與兩岸篇》出版
	1 月 01 日〈國家認同與兩岸關係的迷思〉
	1 月 07 日〈民主自由才是中華民國的價值〉
	1 月 14 日〈2020 年大選國民黨敗選後的何去何從？〉
	1 月 21 日〈蔡英文總統的所謂中華民國臺灣〉
	7 月《臺灣政治經濟思想史論叢(卷五)：臺灣治安

	史略》出版
	10 月《稻浪嘉南平原》HyRead ebook(電子書)出版
	10 月《兩岸論衡》HyRead ebook(電子書) 出版
	11 月《臺灣政治經濟思想史論叢(卷六)：人文主義與文化篇》出版
	12 月《紀事下茄苳堡》HyRead ebook(電子書) 出版

國家圖書館出版品預行編目(CIP) 資料

流轉的時光：臺南府城文化風華/陳添壽著.
-- 初版. -- 新竹縣竹北市：方集出版社股
份有限公司, 2021.05
　　面；　　公分

　ISBN 978-986-471-301-1 (平裝)

1.人文地理 2.鄉土文化 3.鄉土文學 4.臺南市

733.9/127.4　　　　　　　　110006390

流轉的時光：臺南府城文化風華

陳添壽　著

發 行 人：賴洋助
出 版 者：方集出版社股份有限公司
聯絡地址：100 臺北市中正區重慶南路二段 51 號 5 樓
公司地址：新竹縣竹北市台元一街 8 號 5 樓之 7
電　　話：(02) 2351-1607　　傳　真：(02) 2351-1549
網　　址：www.eculture.com.tw
E - m a i l：service@eculture.com.tw
出版年月：2021 年 5 月 初版
定　　價：新臺幣 340 元

ISBN：978-986-471-301-1 (平裝)

總經銷：聯合發行股份有限公司
地　　址：231 新北市新店區寶橋路 235 巷 6 弄 6 號 4F
電 話：(02)2917-8022　　　　　傳 真：(02)2915-6275